Blinde mol of wyse uil?

Hoe om met integriteit te leef

SUSAN COETZER

LUX VERBI

Blinde mol of wyse uil?
Uitgegee deur Lux Verbi,
'n druknaam van NB-Uitgewers,
'n afdeling van Media24 Boeke (Edms.) Bpk.,
Posbus 879, Kaapstad, 8000
Heerengracht 40, Kaapstad, 8001
www.luxverbi.co.za

Teksversorging deur Hester Fourie
Omslag en uitleg deur Marthie Steenkamp
Foto op omslag deur Theana Bruegem geneem by
5th Avenue Gooseberry Guesthouse

Gedruk en gebind deur CTP Printers,
Boompiesstraat 14, Parow Oos, 7500

Eerste uitgawe 2022

ISBN: 978-07963-2238-8 (sagteband)
ISBN: 978-07963-2260-9 (epub)

Inhoud

Voorwoord

Hoekom 'n boek oor integriteit? Hoekom nie liewer nog 'n oulike dagstukboek wat jou geestelik sal opkikker nie? Hoekom nie eerder in hierdie donker tye 'n voel-goed-tema soos blydskap en dankbaarheid kies nie? Of iets skryf oor al die wonders wat die Here elke dag doen nie?

Ek glo ander skrywers sal hierdie temas wel op hulle skryfvurke neem en goeie leesstof skep. Dit is egter sterk op my hart gelê om juis in hierdie ongekende goddelose tye oor integriteit te skryf, en oor die lewensbelangrike rol wat dit in enige suksesverhaal speel.

Tydens 'n teedrinksessie met 'n vriendin gesels ons oor die waarde van iemand met integriteit. Op haar man se sestigste verjaarsdag het sy in haar toespraak genoem dat sy reg gekies het – want hy is 'n man met integriteit.

Volgens 'n bekende lewenskenner is daar drie belangrike dinge waarvoor jy moet uitkyk wanneer jy 'n lewensmaat, vennoot of vriend kies: intelligensie, geesdrif (energie) en integriteit. Indien integriteit nie daar is nie, hoef jy nie eens na die ander twee eienskappe te soek nie. Jy kan maar jou perd opsaal en verder gaan. En dalk sal jy lank en ver soek …

Miskien wonder jy ook oor die titel van hierdie boek. *Blinde mol of wyse uil?* Laat ek die metafoor begin verduidelik deur die eienskappe van uile en molle te beskryf. (Ek het hierdie inligting by Mieliestronk.com en Wikipedia gekry.)

Uile word al eeue lank met wysheid geassosieer. Die opvallendste kenmerk van uile is hulle groot oë wat vorentoe kyk, net soos mense s'n. Uile se oë is nie soos dié van byvoorbeeld hoenders of volstruise wat ver uitmekaar aan weerskante van die kop sit nie. Uile se oë is só geplaas dat hulle 'n wye gesigveld het en as't ware tegelyk oral rondom hulle kan sien. Verder kan uile se oë ook baie sekuur inzoem vanuit 'n hoogte tot in die donkerste hoekies en hulle prooi raaksien. Die grootte en vorm van uile se oë stel hulle ook in staat om die heel beste gebruik te maak van die lig van die maan en sterre in die nag. Uile is dus goed toegerus om in die nag te oorleef.

Uile se vlerke is groot in verhouding tot die res van hulle lywe en hulle vere is sag. Dit is dié dat hulle so geruisloos en sonder 'n vlerkgeklap deur die naglug kan beweeg en kan hoor waar daar prooi is, sonder om hulle teenwoordigheid te verklap. Uile het 'n goed ontwikkelde sin vir rigting en skerp gehoor. Hulle span hierdie sintuie saam in wanneer hulle hulle prooi wil vang. As 'n uil iets hoor wat soos moontlike prooi klink, draai hy sy kop in daardie rigting. Uile "gesels" ook graag met mekaar. Hulle geluide wissel van lae gromklanke tot skril gille, van diep hoe-hoes tot skerp fluite en van harde sisklanke tot 'n sagte gespin.

Kenners reken dit is moontlik dat uile, soos vlermuise, van weerklank gebruik maak om te keer dat hulle in voorwerpe vasvlieg. Uile se skedels is boonop asimmetries en die openinge van hulle ore sit op verskillende vlakke wat hulle in staat stel om presies te bepaal waar enige geluid vandaan kom. Uile se nekke is uiters beweeglik en kan tot 270° draai.

Terwyl uile met buitegewoon goeie sig spog is die meeste molle stokblind of hulle sigvermoë is baie swak ontwikkel. Baie molspesies se oë is selfs met 'n fisiese huid bedek. Kenners meen molle kan slegs tussen lig en donker onderskei en kan nie fyn besonderhede of kleur waarneem nie.

Molle kan ook nie so goed hoor soos uile nie. Molle se oortjies, nes hulle oë, is baie klein. Hulle het geen uitwendige oorskulpe nie en daar is buitengewoon min kronkels in die binneoor.

Terwyl uile hulle kragtige vlerke kan gebruik om hoog bo die aarde te sweef en die lewe vanuit 'n breë en wyse perspektief te betrag, is die mol se perspektief letterlik tot 'n donker tonnel beperk. Molle se tasvermoë is waarskynlik hulle belangrikste sintuig en is hoofsaaklik aan die basis van die snorbaarde gesetel. Die meeste molle is goed toegerus om te grawe. Hulle belangrikste graafwerktuie is hulle voorpote met die lang naels.

Molle leef nie in die lig nie. Hulle kruip onder die grond weg. Hulle ondergrondse lewe en geheime bewegings word verklap deur die molshope wat hulle bo die grond uitstoot.

Terwyl uile goeie kommunikeerders is, leef molle verkieslik alleen en is baie aggressief teenoor mekaar. Hulle bloedige gevegte eindig dikwels met die dood van die verloorder, wat dan opgevreet word. Hulle duld mekaar net in paartyd, in die lente, maar selfs dan ontstaan daar dikwels gevegte tussen mannetjies en wyfies.

Molle word al jare lank deur die mens gejag omdat hulle plantwortels vreet en beskadig en tuine met hulle hope en tonnels ontsier. Hulle roei ook erdwurms uit, wat noodsaaklik is vir die instandhouding van 'n gesonde ekosisteem.

Die grootste verskil tussen hierdie twee spesies is dat uile 'n groter perspektief het en sintuiglik wakker en leergierig is, terwyl molle blind en doof voortploeter deur dieselfde donker ondergrondse paadjies.

Waar dink jy pas jy in? By die uile, of die molle? Sal die mense wat jou ken jou as 'n wyse uil – iemand met integriteit, 'n ware Oom Uil – beskryf? Of dalk as 'n blinde mol – iemand sonder integriteit, 'n Miss Mollie? Of miskien as halfmol-halfuil?

Dink jy jy verteenwoordig die wyse uil wat elke dag die high road kies en só help om 'n positiewe verskil in die samelewing te maak? Of is jy deel van die blindemol-brigade sonder sig en insig wat in donker, ondergrondse tonnels leef? Tonnels wat uiteindelik 'n hele samelewing en die mensdom in duie kan laat stort.

Met hierdie boek wil ek almal aanmoedig om minder blinde mol en meer wyse uil te word. Daar is al jare lank oor die wêreld heen 'n groot skaarste aan mense met integriteit – mense met die volledige stel goue eienskappe wat hulle besonderse, veelsydige, volronde, standvastige en betroubare wyse uile maak. Mense op wie jy kan peil trek. Al die eienskappe wat jou 'n mens met integriteit sal maak, is eienskappe wat ook in Jesus se lewe en optrede sigbaar was.

'n Mens sou verwag dat Christene meer integriteit sou hê as nie-Christene omdat hulle weet hoe Jesus geleef en wat Hy geleer het en Hom sal volg. Dit is ongelukkig nie altyd die geval nie. Die teendeel is dikwels waar, het ervaring my geleer. Mense wat ek ken wat nooit 'n toonnael in die kerk sit of 'n woord oor die Here om 'n braaivleisvuur praat nie, het dikwels meer van hierdie goue karaktereienskappe as baie Christene wat die Woord verkondig en in die kerk boer. Naar, maar ongelukkig waar.

Baie uitgesproke Christene wat ek al ontmoet het (sommige selfs in invloedryke leiersposisies), het my ontnugter met hulle gebrek aan integriteit. Hulle gaan soos blinde molle deur die lewe. Aan die een kant plaas hulle groot klem op hulle geloof en Christenskap en praat graag luidkeels daaroor, maar aan die ander kant toon hulle totaal teen-strydige gedragsgewoontes waaroor hulle minder graag praat. Hierdie ongerymdhede sluit in oneerlikheid met geld, onetiese optrede in besigheidsverhoudings en persoonlike verhoudings, leuens om skelmstreke te verbloem, misbruik van ander se goedheid en onwilligheid om hulle woord na te kom. Die lys is lank ... By hierdie Christene is daar 'n enorme gaping tussen hulle waardestelsel en hulle optrede. En hulle is te blind om dit raak te sien.

Christene sonder integriteit kry geleidelik die repu-tasie dat hulle skelm en onbetroubaar is en mense begin wye draaie om hulle loop. Hierdie blinde molle gee egter nie net aan hulleself 'n swak naam nie, maar ook aan die hele Christendom. Geen wonder baie jongmense raak ál meer skepties oor die Christelike geloof en Christenskap nie. Soos ek, beleef baie van hulle eerstehands dat hierdie vroom mense nie naastenby so vroom is wanneer dit kom by die uitleef van hulle geloofsbeginsels wat hulle so op-hemel nie.

Terwyl ek hierdie voorwoord skryf (nadat ek reeds die hele boek klaar geskryf het), is daar weer 'n paar uit-gesproke Christene wat my grensloos frustreer met hulle gebrek aan 'n goeie en deursigtige karakter. Hulle optrede ontwrig my en ander se lewe. Dit is asof hulle nie die kloutjie by die oor kan bring nie. Asof hulle letterlik nie kan sien of hoor nie. Asof hulle nie die Woord wat hulle so graag aan ander verkondig in hulle eie lewe en in hulle doen en late kan volg en uitleef nie.

Hierdie Christene praat dikwels 'n klomp strooi. Hulle versuim elke dag om hulle woorde met dade op te volg. Die pap val gereeld op die grond en ander moet dit optel. Die rafels hang gereeld uit en ander moet dit wegwerk. Mense sonder integriteit maak die lewe vir ander moeilik.

Hier is 'n paar voorbeelde wat jy dalk sal herken: Hulle belowe hand en mond dat hulle jou gaan terugbel oor iets, maar doen dit nie. Hulle belowe om hulle rekening môre te betaal, maar doen dit nie. Hulle belowe om iets terug te gee wat hulle geleen het, maar vergeet eenvoudig daarvan. Hulle duck and dive wanneer jy hulle begin soek om te hoor wat aangaan ...

Ek kan maar net my kop skud en wonder: Hoe kan 'n uitgesproke Christen lief wees vir die Here se waarheid, maar nie lief wees om self die waarheid te praat en uit te leef nie? Iets is verkeerd hier. Iets is missing. En hierdie iets is *integriteit*. Jesus se suiwer karakter.

Ek het 'n wyd uiteenlopende vriendekring. Baie van my vriende gaan nie kerk toe nie. Tog is hulle mense met integriteit. Hulle woorde en dade stem ooreen en maak sin. Integriteit is immers 'n voorvereiste in alle verhoudings waaraan ek my verbind, by die werk en in my persoonlike lewe. Ek wil my omring met mense op wie ek kan staat-maak en wat my en ander se lewe beter sal maak, nie sal omkrap nie. In my oë is sulke mense goeie mense, die wyse uile van die samelewing. Christene wie se woorde en dade nie klop nie kan gerus 'n tydjie afknyp om iets by hierdie mense met integriteit te leer, eerder as om hulle te veroordeel omdat hulle nie elke Sondag voor in die kerk sit nie.

Soos jy seker kan agterkom, raak ek warm onder die kraag wanneer ek oor Christene sonder integriteit praat. Dit is omdat hulle skade doen aan die naam Christen en waarvoor dit staan. Meer nog, omdat hulle skade doen aan Jesus Christus se Naam, die Naam waaraan hulle naam gekoppel is.

Daarom rig ek 'n uitnodiging aan elke leser – uile, molle, mollerige uile én uilerige molle – vir wie dit baie be-langrik is om Jesus se waardestelsel en karaktereienskappe in die alledaagse lewe uit te leef: Word blinker geslyp tot 'n meer volledige mens, tot 'n Christen met al die goue eienskappe wat die Meester uitgeleef het, tot 'n suiwer ge-loofsmens wat 'n aanwins vir sy koninkryk en vir die hele samelewing is, tot 'n wyse Christen wat ander inspireer.

Ek hoop jy sal die Meester se karakter-slypskool saam met my geniet. Ek glo dat ons elkeen geestelike verhelde-ring sal beleef waar ons voorheen blind en doof was.

Jy sal sien ná elke hoofstuk is daar 'n eerlike vraelys om te toets in watter mate jy 'n noodsaaklike goue eienskap, wat deel van 'n lewe met integriteit is, uitleef. En hopelik sal ons, voordat ons verder gaan op ons geestelike reis, nuwe geloofsgewoontes vorm om al die noodsaaklike eienskappe wat ons kort deel van ons alledaagse optrede te maak. Vandat ons opstaan totdat ons gaan werk, wanneer ons eet en kuier en weer gaan slaap.

Laat ons dan nie langer wag nie en dadelik aanmeld vir die eerste klas. Die son sit immers reeds hoog ...

Uitnodiging om reggehelp te word

Toe ek naby Damaskus kom, het 'n helder lig uit die hemel in die middel van die dag skielik op my begin skyn. Ek het so groot geskrik dat ek op die grond neergeval het. Ek hoor toe Iemand vir my sê: "Saul, Saul, hoekom is jy besig om My te vervolg?"

"Wie is U, Here?" het ek dadelik gevra.

"Dit is Ek, Jesus van Nasaret! Jy is besig om My te vervolg."

– HANDELINGE 22:6-8

Op pad na Damaskus het die Here vir Saulus reggehelp. Die Here het hom tot stilstand gedwing en hom met 'n skerp lig verblind en met 'n stem uit die hemele stilgemaak. Toe Saulus daar opstaan, kon hy glad nie sien nie. Soos 'n blinde, moes hy aan die arm na Damaskus gelei word.

Eers toe die Here se dienaar, Ananias, aan Saulus raak, het die skille letterlik en figuurlik van sy oë afgeval. Eers toe kon hy sien wie en wat hy werklik is en watter skade hy aangerig het. Hy kon deur die Here se waarheidslens kyk en hy het eerlik en met nuwe oë na homself en ander mense begin kyk.

Saulus se liggaamlike blindheid is genees, maar belangriker nog, sy geestelike oë het daar in Damaskus oopgegaan. God se waarheid het diep by hom ingesink en sy gees is verhelder. Ná hierdie lightbulb-oomblik het Saulus vir die eerste keer insig in sy verkeerde optrede van vroeër gekry. Hy het sy blindekolle raakgesien, erken en reggestel. Sy lewe het handomkeer verander. Saulus het Paulus geword. 'n Volgeling van Jesus. 'n Nuwe mens. 'n Man met integriteit.

Is jy lus vir so 'n Damaskusreis waarop jy God se stem kan hoor en geestelike verheldering kan beleef? Indien wel, sal jy die Here moet toelaat om sy soeklig diep in jou hart en siel te laat skyn. Dan sal jy moet ontslae raak van al die onsuiwerhede wat Hy vir jou uitwys. Jy sal moet ophou om jou wysvinger in die rigting van jou man, jou werkgewer, jou skoonma of jou skoondogter se sondes te draai, en dit na jou eie wys.

My ervaring is dat baie min mense in hierdie lewe gretig is om reggehelp te word, selfs net om 'n nuwe perspektief te oorweeg. Die meeste mense se eerste reaksie is om hulle te wip wanneer iemand na aan hulle hulle "foute" uitwys en probeer regmaak. Selfs wanneer kritiek met 'n goeie en liefdevolle gesindheid gegee word, interpreteer baie mense dit steeds as 'n persoonlike aanval en blaas hulle wange op.

Vriendskappe kan maklik versuur word en huwelike en werksverhoudings wankelrig raak wanneer een party dit waag om 'n ander te probeer reghelp. Ek het al 'n paar keer my vingers verbrand wanneer ek juffrou probeer speel en regstellende aksies in onsuiwer omstandighede voorgestel het.

Ek onthou so goed die keer toe ek 'n passasier op 'n donker verdwaalpad na nêrens was en die bestuurder hardkoppig bly weier het om enige sinvolle rigtingaan-wysings te aanvaar om ons in een stuk by die bestemming te kry. Die man het verkies om ons almal eerder ure lank aan 'n nagmerrierit in sirkels te onderwerp as om van roete te verander. Hy was doodeenvoudig te hardekwas om aan homself en ons te erken dat hy 'n fout gemaak en geen clue gehad het waar hy – en ons – is nie. Hy was te trots om goeie raad te volg.

Intussen het ek geleer om my mond met naald en gare toe te werk in die teenwoordigheid van hardekwas mense wat geensins ontvanklik is vir positiewe raad en goeie ver-anderinge nie. Met egosentriese, alwetende mense lei kritiek nooit tot 'n goeie uitkoms nie, al verpak jy dit hoe sag. Dit sal eerder op 'n bloedige straatgeveg uitloop. Sekere mense (ook Christene) is ongelukkig (nog) nie bereid om die verkeerde dinge in hulle lewe te erken en dit te probeer regstel nie ...

Ongelukkig is nie almal so ontvanklik vir reghelp en geestelike verheldering soos Saulus tydens sy Damaskus-ervaring nie. Daar is 'n spreekwoord wat lui: "When the student is ready the teacher appears." Nie almal is ewe gereed om met nuwe oë na hulleself, ander en die lewe te kyk nie. Gebed is dan dikwels doeltreffender as om aan te hou "preek" vir die studente wat nog nie reg is vir die boodskap nie.

Ek self was jare lank ook maar goed langtand om deur enige teacher reggehelp te word. Ek het vinnig op my perdjie gespring en myself (en my foute) verdedig en regverdig asof my lewe daarvan afhang. Ek was oorsen-sitief vir die meeste kritiek. My vel het vinnig geskroei en my selfbeeld het elke keer 'n knock gevat wanneer iemand 'n karaktereienskap, 'n irriterende gewoonte, my tuisge-maakte kos of my werk gekritiseer het.

As skrywer, aktrise, skilder en later inspirerende spre-ker moes ek egter leer om kritiek as 'n vriend te beskou en dit met 'n goeie gesindheid te verwelkom – veral as die een wat my reghelp 'n bekwame mens met kennis en insig in sy of haar veld is en iemand vir wie ek respek het. Vandag sien ek liefdevolle, opregte en goedbedoelde kritiek as 'n geskenk om my karakter en my skeppende produkte te verbeter. Met hierdie nuwe ontvanklike gesindheid en die bereidheid om te wil leer en verbeter, het ek baie gegroei in elke kreatiewe faset van my lewe.

Om gevestigde gedragspatrone, karaktereienskappe, oortuigings en jou uitkyk op die lewe te verander, gebeur nie oornag nie. Ná my egskeiding in 2012 het ek drie jaar met 'n terapeut gesels wat my subtiel probeer reghelp het om nuwe denke en gewoontes aan te leer en só my lewe op 'n nuwe en gesonde koers te stuur. Ek was 'n toegewyde leerder tydens elke sessie. Ek het nie net geluister nie, maar dit my doelwit gemaak om elke wyse aanbeveling in my lewe toe te pas. Anders sou dit 'n vermorsing van geld en tyd wees.

Ek is geprys vir my commitment om my ongesonde gedragspatrone te verander, omdat ek dapper genoeg was om my ou gewoontes en denke agter te laat en nuwe reaksies en optrede deel van my lewe te maak. Tien jaar later is hierdie nuwe gewoontes al diep vasgelê en geïntegreer in my nuwe lewenshoofstuk as enkellopende vrou. Al het ek 'n sagte hart, is my grense nou baie sterker en ek het die oordrewe people pleaser in my afgeskud. Die veranderinge het tot groter emosionele en geestelike volwassenheid gelei en ook meer energie en groter en blywende vrede, blydskap en standvastigheid vir my gebring.

Meer nog, ek het geestelike vernuwing ervaar. Voorheen het ek aanvaar dat alles wat by 'n Christen se mond uitkom, waar is. Die skille het egter van my oë begin afval toe ek op hulle woorde en dade begin let het. Nie elke Christen wat sy of haar oortuigings dawerend uitbasuin se optrede getuig daarvan nie. Nie elkeen wie se Facebook-profiel elke dag met Bybelverse versier word, leef volgens hierdie Goddelike riglyne wat hulle verkondig nie.

Ek het ook raakgesien dat baie nie-Christene se woorde en dade baie meer in pas was. Hierdie mense het 'n suiwer karakter getoon en die regte dinge konsekwent in elke faset van hulle lewe gedoen. Ek het veral in saketransaksies en finansiële beloftes raakgesien dat nie-Christene soms betroubaarder is as Christene. Weer, naar maar ongelukkig waar.

Hierdie verskynsel onder Christene, dat hulle woorde en dade nie by mekaar pas nie, krap my om. Want dit maak 'n bespotting van die Here wat hulle verkondig. Soos my seun en van sy vriende al kopskuddend opgemerk het: Dit is 'n sirkus.

Baie van my ongelowige vriende skud ook maar net die kop en glimlag simpatiek wanneer hulle hoor dat ek (steeds) 'n Christen is. Hulle kyk na my asof al my varkies nie op hok is nie. Die meeste het ontnugterende ervarings met Christene beleef en het vertroue in gelowiges se woord en karakter verloor.

Ek self het al duur lesse geleer wat my ontnugter gelaat het. Nie met die Here nie, maar wel met mense wat sy Naam met groot bravade verkondig en dan 'n totaal teenstrydige lewe leef en dit probeer toesmeer. Hoe teleurstellend dat ek juis moes leer om waaksamer te wees met mense wat binne die eerste drie sekondes nadat ons ontmoet het, grootbors aankondig dat hulle groot Christene is.

As enkellopende vrou wat finansieel onafhanklik is, was ek deur die jare gereeld die sagte teiken van (ouer) mans wat voorgegee het om opregte Christenweldoeners te wees. Gou moes ek ontdek dat hulle eintlik jakkalsbloed in hulle are het. Al hierdie jakkalse – baie van hulle in geestelike leiersposisies – het een gemene deler: Hulle het nie integriteit nie. Daar is 'n groot kloof tussen hulle mooi woorde en hulle sluwe dade.

Soveel vroue neem my in hulle vertroue en vertel vir my van hulle skokervarings met Christenmans. Agter die Christelike beeld wat hulle voorhou, het hierdie vroue ontdek, skuil daar 'n ongesonde mens deurweek met leuens en manipulerende gewoontes. Op sosiale media en in kerk-kringe is hierdie jakkalse die vroomheid self, maar in die regte lewe val die kerkhoed vinnig af. Indien enigiemand dit sou waag om hulle ware kleure bloot te lê, word hulle onmiddellik geblok of ge-unfriend. Of sommer albei.

Koos van der Merwe van Prophet stel dinge egter in perspektief met die woorde van die liedjie "Nie al die kindertjies van Jesus is pôpôs nie". Goddank. Daar ís nog opregte Christene wat die suiwer karakter van Jesus weer-spieël. Daar ís nog Christene met integriteit – mense met die volledige stel goue karaktereienskappe. Hulle is soos kosbare en seldsame antieke meubels. Jy moet hulle rustig tussen al die rommel uitsnuffel.

Maar selfs die bestes onder ons met die heel beste voornemens begaan soms oordeelsfoute. Ons is nie altyd 100% suiwer in ons doen en late nie. Boonop het ons blindekolle, onsuiwer dinge in ons lewe wat ons miskyk. Ek sluit myself hierby in. Ek weet ek kan doen met 'n gereelde opknappingskursus by die Almagtige om weer op sý koers te kom.

Net soos 'n regisseur, 'n redigeerder, 'n terapeut of 'n ouerfiguur, wil die Here graag deurdring tot my en jou sodat ons volronde en geïntegreerde Christene kan word wat sy karakter sal naboots en uitleef. Dit is egter nie moontlik as sy stem gedurig uitgedoof word deur 'n opstandige hart en toegemesselde gewete nie. Voordat hierdie skeidsmure tussen jou en die Here nie afgebreek word nie, sal daar nie verheldering in jou gees kan plaasvind nie en jy sal nie 'n Damaskuservaring beleef nie.

Die Meester se kursus vereis totale oorgawe aan Hom sodat Hy jou deeglik kan spring clean van jou minder goeie karaktereienskappe. Is jy bereid dat die Here jou reghelp waar jy as Christen dalk verkeerd leef? Nie net wat die "groot" sondes soos lieg, bedrieg, steel en moor betref nie, maar ook met die "klein" en onskuldige sondetjies wat ons so graag oorsien? Is jy gretig om gesnoei te word, of sal jy die Here eerder blok of unfriend as Hy 'n paar jakkalsies in jou lewe en karakter aan jou uitwys?

Is jy bereid om te luister na die stem van die Heilige Gees wat jou wil reghelp? Is jy gewillig dat die Gees aan jou nuwe sig en insig gee, soos Hy dit meer as 2 000 jaar gelede vir Paulus gedoen het?

Indien jy opgewonde daarna uitsien om reggehelp te word, nooi die Here jou saam op 'n roete na jou eie Damaskus. Die doel van die reis is nie om jou sleg te laat voel oor jouself en jou lewe nie, maar om jou te bemoedig om dapper genoeg te wees om 'n nuwe blaadjie om te slaan en die verkeerde dinge wat die Here vir jou wys, reg te stel. Paulus het hom laat reghelp. Hy kon hom blind en doof gehou het, maar hy was ontvanklik om na die Here se vraag te luister: Hoekom vervolg jy My?

Het jy al gedink hoe jy dalk die Here vervolg as jy as Christen sonder integriteit optree? Of het hierdie gedagte nog nooit by jou opgekom nie? Dalk vervolg jy die Here in algehele onkunde, soos Paulus wat geglo het hy doen reg.

Vervolg beteken immers nie net om Christene letterlik te martel en dood te maak nie. Wanneer ons lewe nie van ons geloof getuig nie, is ons skuldig aan dubbele standaarde. En só doen ons die Here se Naam oneer aan. En wanneer ons sy Naam en karakter oneer aandoen, vervolg ons Hom.

Ek dink nie ons land het 'n tekort aan Christene nie. Ook nie aan leraars, predikers of pastore nie. Wanneer ek deur my woonbuurt ry, sien ek meer kerke as kafees. Ons het wel 'n groot tekort aan Christene wat geïntegreer leef, wat Jesus se voorbeeld (sy suiwer karakter) weerspieël, wie se woorde en dade 'n lewende getuigskrif is dat hulle Jesus navolg – nie vervolg nie. Ons het meer mense nodig wat oral en altyd die hoed van integriteit dra.

In die volgende hoofstukke sal ons kyk na wat integriteit is, wat integrasie beteken en wat dit van jou verg om dit bewustelik deel van jou daaglikse lewe te maak. Dalk beskou jy jouself reeds as iemand met integriteit. Pak dan in elk geval tog maar die reis aan. Daar is altyd ruimte vir verbetering, glo ek. Dalk word jy verras deur die ontdekking van 'n paar blindekolle (of verskillende kerkhoede) waarvan jy, nes Saulus, nie bewus was nie.

Wat is integriteit?

Op ons reis om mense met integriteit te word en ons geloof met ons alledaagse lewe te integreer, moet ons eers seker maak ons verstaan regtig wat hierdie twee lywige karperde, integriteit en integrasie, werklik beteken. Ek self was baie jare lank onkundig oor hierdie twee woorde se verrassende veelvlakkige en omvattende betekenis.

Ek onthou toe ek op skool was, het die skoolhoof graag die woord *integriteit* gekoppel aan enige belangrike persoon op die verhoog aan wie hy die leerders wou voorstel. 'n Indrukwekkende en ellelange CV is voorgelees en dan het die slotwoorde as cherry op die koek gevolg ... 'n man met integriteit.

Hierdie woorde eggo steeds in my gedagtes. In daardie dae was dit 'n groot woord wat ek nie ten volle verstaan het nie. My kinderlike afleiding, weens 'n gebrek aan kennis en lewenservaring, was dat iemand met integriteit bloot baie bekend was en 'n invloedryke pos beklee het, soos 'n dominee, 'n dokter of 'n erkende sakeman in die gemeenskap. Verder het ek geweet wanneer so 'n bekende persoon met integriteit agter die mikrofoon inskuif, moes ons almal ons heel beste voet voorsit. Anders was daar later groot moeilikheid in die skoolhoof se kantoor.

Sedert daardie naïewe dae het ek baie meer insig verkry in wat integriteit regtig beteken. Integriteit beteken jy is volkome betroubaar, te alle tye, en volkome eerlik, in alle situasies, selfs al word jy daardeur benadeel.

Ongelukkig lyk dit of integriteit uit die mode geraak het, meer as Crimplene. Mense met integriteit is vandag so dun gesaai dat jy hulle byna op jou een hand se vingers kan tel. Bedrog en oneerlikheid is eerder aan die orde van die dag. So min mense doen moeite om hulle beloftes na te kom, al sal baie jou die son, maan en sterre belowe.

Iemand met integriteit het nie 'n paar oppervlakkige mooiweerseienskappe wat hulle uit die kas pluk en later weer bêre nie. Integriteit impliseer dat die geheelprentjie van wie jy is uit verskillende diepgewortelde en suiwer karaktereienskappe bestaan. Hierdie karaktereienskappe is 'n vaste bate en word nie aangepas volgens verskillende mense en verskillende omstandighede nie.

Volgens een verklarende woordeboek beteken integriteit "volledige eerlikheid, onomkoopbaarheid, onskendbaarheid en onaantasbaarheid van die soewereiniteit". En ons as Christene weet God is sinoniem met soewereiniteit.

'n Ander woordeboek verklaar integriteit as "regskapenheid". Dit beteken as jy iemand met integriteit is, is jy reg geskape na die suiwer beeld van God. Jou karakter is in elke faset van jou lewe 'n spieëlbeeld van wie God is. Jou deursigtige en onomkoopbare karakter loop soos 'n lieflike goue draad deur elke faset van jou lewe.

Integriteit beteken ook "volledigheid". Daar is nie ander belangrike eienskappe wat in jou kortkom nie. Jy steek geen vrot appel iewers onder die lae weg nie. Daar is 'n soort volmaaktheid aan iemand met integriteit wat ander mense aantrek. Hulle is volledig en goed ontwikkel, beskik oor 'n seldsame suiwerheid en is opvallend 'n geheelmens.

Nog 'n sinoniem vir integriteit is "ongeskondenheid". Wanneer 'n jong meisie ongeskonde is, beteken dit sy is nog 'n maagd, onaangeraak en rein. Mense met integriteit se taalgebruik en meegaande gedrag is rein en deursigtig. Iemand met integriteit het geen toegesmeerde skandale in hulle lewe wat God in 'n slegte lig kan plaas nie.

Integriteit beteken ook "onkreukbaarheid". Dit beteken jou karakter vou of wankel nie onder druk nie. Hoeveel mense kies nie die maklikste uitweg om hulleself te red nie! God wil egter hê dat sy kinders onkreukbaar sal wees. As jou klere te lank op 'n bondel gelê het, kreukel dit. Net so kreukel ons as ons te lank saam met die bondel loop en nie aanmeld om gladgestryk te word nie. Ons karakter moenie kreukel as die druk te veel word nie. Eerlikheid en integriteit behoort altyd deel van ons karakter te wees.

'n Ander pragtige woord vir integriteit is "onaantas-baarheid". Dit beteken jou karakter kan nie verander word

nie. Dit staan vas. Integriteit is ook "onomkoopbaarheid".
'n Sakeman met integriteit kan nie omgekoop word nie.
Daar is 'n spreekwoord wat sê elke mens het sy prys. Chris-
tene het nie 'n prys nie, want ons is reeds duur gekoop
met Jesus se bloed. As jy omgekoop kan word, verlaag jy
jou waarde.

Integriteit word ook beskryf as "deugsaamheid". Dit
beteken jy het substance, inhoud. Skoonheid, dit wat aan
die buitekant is, vergaan uiteindelik, maar deug, aan die
binnekant, bly staan. Substance beteken jy het 'n ononder-
handelbare waardestelsel. Jou waardes verdwyn nie soos
spookasem nie.

Integriteit beteken ook "suiwerheid". Suiwerheid im-
pliseer jou motiewe is eerbaar. Jy het nie 'n verskuilde
agenda nie.

Integriteit is nie iets wat jy kan koop of kan aanplak
of soos 'n kulkunstenaar uit 'n hoed trek nie. Dit verg tyd
en toewyding om dit in jou lewe vas te lê. So vas dat dit
deel word van jou alledaagse leefstyl en optrede tussen
alle mense en in alle omstandighede. Ek glo dit is alle toe-
gewyde Christene se verantwoordelikheid om met integ-
riteit te leef en dit deur hulle goeie voorbeeld van jongs af
by hulle kinders vas te lê.

Julle ken immers die idioom "aartjie na sy vaartjie", as-
ook "die appel val nie ver van die boom nie". As 'n Christen
met integriteit sal jy na jou Vader lyk. Jy sal 'n spieëlbeeld

van Jesus wees en altyd doen wat reg is. Daar is 'n groot verskil tussen doen wat vir jou gerieflik is en om te doen wat reg is in God se oë.

As kind was ek verkeerd. Nie alle belangrike mense het integriteit nie. Ook nie alle Christene nie. Inteendeel. Ek moes mettertyd leer om nie net na mooi woorde te luister nie, maar ook op dade te let en só die blinde molle van die wyse uile te onderskei.

Ek is 'n leergierige mens. Ek streef altyd daarna om my karakter te ontwikkel en 'n beter mens te word. Ek wil graag 'n positiewe verskil in die samelewing maak en lees graag boeke oor leierskap. Twee van my gunsteling-skrywers is Stephen Covey en John Maxwell. By hulle het ek geweldig baie geleer oor die belangrike rol wat integriteit in ons lewe en ware sukses speel.

Kenners is dit eens dat integriteit die ware sleutel tot sukses is. Integriteit speel 'n veel belangriker rol in sukses-verhale as, byvoorbeeld, geleerdheid, sjarme, kennis, gods-dienstigheid, roem, rykdom, skoonheid, mag of prestasie. Hoekom? Want iemand met integriteit het iets baie be-sonders en baie skaars in hulle binneste ontwikkel. Iemand met integriteit het daarin geslaag om 'n suksesvolle karakter met 'n rykdom veelvlakkige positiewe eienskappe vas te lê en deurlopend uit te leef. En 'n suksesvolle karakter sal meer deure vir jou oopmaak en oophou, ook die deur na God se hart.

God wil integriteit in sy kinders se lewe sien, veral wanneer hulle verkondig dat hulle baie na aan Hom leef en Hom in elke faset ken. Christene met integriteit (die wyse uile) is sy suksesvolle kinders wat na sy beeld geskep is en daarom sy verrykende karaktereienskappe in hulle lewe uitleef.

In die Ou Testament is daar baie voorbeelde van mense wat na aan God se hart geleef het, maar in 'n tyd van beproewing van Hom af weggedwaal het. Dink aan Dawid en Abraham. Albei het 'n keer of wat die makliker en veiliger pad bo God se pad gekies. Maar albei het ook toegelaat dat God hulle reghelp en weer op die suiwer pad van integriteit plaas. In die Nuwe Testament is Paulus 'n goeie voorbeeld van iemand wat sy lewe daaraan gewy het om 'n suiwer waardestelsel en Christelike karakter te bou.

Al die suksesvolle Bybelse rolmodelle het een ding gemeen gehad – hulle was nederig en bereid dat God hulle reghelp om meer van sy vleklose karakter te weerspieël. Hulle het die moeilike grondpad gevolg, dié pad wat God vir hulle uitgewys het, eerder as die vinnige en gemaklike snelweg na wêreldse sukses sonder God se goedkeuring.

Hulle weerspieël 'n diep en opregte liefde en gehoorsaamheid aan God, ook in die klein dingetjies. Hulle besit standvastige eienskappe wat in God geanker is en soos 'n fontein met lewende water uit sy suiwer waardestelsel spruit. Mense met integriteit is vir my soos 'n tafel wat deurgaans op sterk bene staan en nie vou onder druk of swig voor versoekings nie.

Om Christene met integriteit te word vra dat ons God liewer het as onsself en aan Hom en sy wil gehoorsaam sal wees. Die begeerte om in alle omstandighede te doen wat reg is in God se oë word deur 'n intieme en deursigtige verhouding met God aangewakker. Namate jou verhouding met die Here verdiep, sal jy Hom nie wil kul deur dinge te doen wat nie by sy waardes en karakter pas nie. Hoe dieper en meer opreg jou verhouding met die Here is, hoe makliker word integriteit in jou hart en gedagtes vasgelê. Later word dit 'n bloudruk waarvan jy nie kan afwyk nie. Uiteindelik word die integrasie van al jou karaktereienskappe en hoe jy ander mense behandel jou suksesvolle (of onsuksesvolle) karaktergetuigskrif wat lank ná jou dood sal bly voortleef.

Hoe voel jy as Christen oor so 'n getuigskrif? Watter blywende indruk wil jy by mense laat? Wat wil jy die heel graagste hê moet hulle van jou onthou?

Ek weet wat vir my verreweg die belangrikste geword het: Ek wil hê dat my nalatenskap sal getuig van die goed geïntegreerde karaktereienskappe wat ek elke dag uitgeleef het teenoor die groot verskeidenheid mense op my pad. Dit is vir my baie belangriker as om onthou te word vir inspirerende praatjies of goeie boeke en rolle as aktrise. Ons elkeen skryf uiteindelik ons eie CV en getuigskrif op die markplein van die lewe. Die ink wat jy gebruik, is die molshope of uilveertjies wat jy elke dag agterlaat.

Spreuke 4:23-24 waarsku ons: "Wees veral versigtig met wat in jou hart omgaan, want dit bepaal jou hele lewe. Weerhou jou van leuens, moenie mense mislei nie."

Nie een van ons sal ooit 100% volmaak wees soos ons Meester, Jesus, nie. Ons elkeen het 'n molshopie sondige natuur geërf, en daarby leef ons in goddelose en korrupte tye. Maar dit is geen verskoning om gemaklik agteroor te sit en te sê: "Ek is so gemaak en so laat staan" nie.

Wil jy iemand met (meer) integriteit word? Wil jy van 'n Miss Mollie in 'n wyse Oupa Uil verander? Laat ons dan die Here vra om vir ons ons blindekolle uit te wys en ons karakter te begin slyp sodat ons eerlik, onomkoopbaar, on-skendbaar en onaantasbaar sal wees.

Maak vas jou gordel. Die rit kan dalk 'n bietjie rof raak.

Grondpad na 'n suksesvolle karakter

Jy hoef nie geleerd te wees om integriteit te hê nie. Jy hoef ook nie beroemd te wees nie. Of ryk nie. Of uitermate slim nie. Maar dit vra wel iets ekstra van jou.

Mense met integriteit besit die X-faktor – daardie uit-blinker-eienskappe wat hulle kop en skouers in die same-lewing laat uittroon. Hulle is die regdoeners. Hulle is 'n ligtoring van hoop in 'n wêreld wat ál meer besoedel raak met korrupsie, gewetenloosheid, nepotisme, narsisme, selfverryking, selfsug en leuens.

Mense met integriteit loop ongevraagd die ekstra myl vir ander om hulle goeie karakter te onderhou, selfs al vra dit dat hulle alleen stroomop swem. My tuinier is onge-skool, maar besit baie eienskappe wat met integriteit ge-assosieer word. Hy is altyd stiptelik – eerder 'n paar minute vroeg as een minuut laat. Hy kommunikeer goed en laat weet my betyds as daar iets voorgeval het wat sy werk-roetine beïnvloed. Hy werk hard sonder toesig en doen meer as wat ek vra. Ook wanneer ek nie daar is nie.

Hy sal inisiatief neem en iets wat stukkend is, regmaak voordat ek hom vra. Hy is altyd vriendelik en kan lekker lag. Hy kla nie wanneer hy hard werk nie en eet alles wat ek vir hom gee met hartlike genot. Hy lieg nie. Hy steel nie. Hy gee. Al is hy arm, bring hy gereeld ongevraagd vir my steggies of sade om my tuin te help verfraai. Wanneer hy terugkom nadat hy vir sy familie in sy tuisland, Mosambiek, gaan kuier het, kry ek dikwels 'n sakkie vars neute of 'n heel kokosneut as geskenk. Ek sou sê my tuinier is 'n afgeronde, veelvlakkige mens, met meer integriteit as baie vername mense, ook Christene, wat ek al teëgekom het.

Ná baie jare en lewenslesse aanvaar ek nie sommer dat 'n invloedryke mens vanselfsprekend integriteit het nie. Ongelukkig is dieselfde waar van uitgesproke Christene.

Hoekom sê ek so? Want mense met ware integriteit, met 'n eerbare karakter, het bitter skaars geword. Ek kan dik boeke skryf oor die vroom mense wat my byna uit my geloof verskrik het met hulle skynheilige gedrag. Dit is altyd vir my 'n groot teleurstelling wanneer ek ontdek dat gelowiges, na wie ek opgekyk het, voete van klei het. En dat hulle ruggraat ook missing is. Ongelukkig heg alle Christene nie dieselfde waarde aan integriteit nie.

Nes ek, is baie ander mense ook al deur kerkmense seergemaak. Hierdie ontnugterde mense skryf gereeld vir my dat hulle hulle vertroue in Christene verloor het. Christene wie se woorde en dade nie in pas is nie, lei daartoe dat ander gelowiges eerder die kerk verlaat of hulle verhouding met 'n onetiese Christelike maatskappy of 'n jare lange Christenvriendskap verbreek.

Ek het deernis met hierdie ontnugterde mense. Ek self is een. Ek self het al vele skokke beleef nadat ek 'n vertrouensband gevorm het met uitgesproke Christene wat hulle as diep gelowiges geïdentifiseer het. Gou moes ek ontdek dat die Goddelike beginsels en karakter wat hulle verkondig in baie vlak sand geplant is en gereeld opgepik word.

Daar is nie verniet 'n spreekwoord wat sê "mak honde byt dikwels die seerste" nie. Het 'n paar "mak honde" jou ook al lelik gebyt met leuens? Wat was jou reaksie? Dalk wou jy daarna niks met godsdiens te doen hê nie. Ek verstaan dit. Daar was 'n tyd toe ek werklik 'n U-draai wou maak en vinnig wou exit as iemand die Christenkaart ongevraagd met groot bravade voor my neergesit het. Ek het begin glo my kans om 'n hoender met tande te vind, is baie groter as om 'n opregte Christen met morele integriteit raak te loop.

Natuurlik is dit 'n oorreaksie. Soos die titel van Jeanne Goosen se opspraakwekkende boek sê: *Ons is nie almal so nie*. Natuurlik het ek ook al wonderlike en uitsonderlike Christene ontmoet, gelowiges wat 'n ware rolmodel van integriteit is. Hierdie standvastige, opregte geloofsmense inspireer my om te bly skaaf aan my eie (feilbare) karakter

en om nie die Here saam met die spreekwoordelike bad-
water uit te gooi nie. Hierdie geloofspilare op my pad het
almal een ding gemeen: Hulle is kerngesond en weerspieël
oral en altyd die Here se suiwer en opregte karakter in alles
wat hulle sê en doen.

Maar nou is die vraag, hoe word ons geïntegreerde
Christene? Hoe kry ons dit reg dat ons woorde en dade
dieselfde boodskap oordra? Hoe word ons self 'n goeie
rolmodel van integriteit? Ek glo ons kry dit reg deur fyn
op te let na die karaktereienskappe, waardes en beginsels
van ons Meester, Jesus. En deur bewustelik te kies om só
te leef dat ons sy Naam altyd hoog hou – ook, en veral,
wanneer niemand kyk nie.

Die Meester se kernbestanddele vir integriteit

Ek is van jongs af lief vir kook en bak. As kind het ek graag my ma se arm gedraai om my toe te laat om, sonder toesig, met verskillende bestanddele en geure en smake te bak en brou. In haar kombuis het ek baie lesse in integrasie geleer.

Wanneer jy 'n stuk sjokoladekoek eet, geniet jy die eindproduk van al die bestanddele wat in die resep staan. Dit is die fyn balans tussen die bestanddele en die vermening van alles wat vir die heerlike geheelsmaak sorg. Die bestanddele vul mekaar aan en vorm saam die heerlikste eetgoed.

Natuurlik het ek gereeld eksperimente gedoen wanneer ek so sonder toesig in die kombuis losgelaat is. Ek wou vasstel of my ma se flatervrye resepte dalk net so lekker, of selfs lekkerder, kon wees as ek sekere van die standaardbestanddele weglaat of my eie keuses byvoeg.

Ek het vinnig geleer dat sekere bestanddele kernbestanddele is om 'n flatervrye koek te bak. Ek het gevind dat die koek uitmekaarval as ek die eiers weglaat. As ek die suiker uitlos, is die eindproduk totaal sonder smaak. En as ek die melk en olie weglaat, is die koek gans te droog om af te sluk.

Elke bestanddeel van 'n wenresep is belangrik, selfs daardie knippie sout. En elke bestanddeel wat weggelaat word, of 'n vreemde bestanddeel wat bygevoeg word, beïnvloed die uitkoms.

Met een verjaarsdag het ek malvapoeding gemaak en met trots vir my gaste voorgesit. My een vriendin wou dadelik weet of ek asyn bygevoeg het.

"Nee, ek het die asyn met suurlemoensap vervang," het ek geantwoord.

"Ek kon dit dadelik agterkom," het sy geantwoord. "Hou tog maar by jou ouma se oorspronklike resep – die een met die asyn."

"Oukei," het ek geantwoord. "Ek sal volgende keer asyn byvoeg as dit nou werklik só 'n groot verskil aan die smaak maak vir jou."

"Dit maak 'n reuseverskil," het sy volgehou.

Les geleer, sonder om my te wip. Volgende keer kry my malvapoeding weer asyn by.

Tydens my seisoen as mede-eienaar en kok van 'n teater-restaurant in Linden het ek die behoefte gehad om my kookvernuf te toets en hopelik te verbeter. Ek het begin eksperimenteer met allerhande nuwe bestanddele in 'n poging om my eie innoverende en unieke geregte te ontwikkel. Nie al my disse was 'n sukses nie. Sommige van die proefkonyne, oftewel slagoffers, wat dit moes proe, het dit so subtiel moontlik eenkant toe probeer skuif op hulle bord. Van my innoverende brousels het selfs in die honde se bakke beland. En nie eens hulle wou dit altyd eet nie.

Tog het ek die bullseye getref met party van die geregte wat ek self ontwerp het. Ek kon daarin slaag om 'n smaak te skep wat eie aan my was, met die uiteenlopende smake en geure in die gereg wat in harmonie met mekaar was en mekaar aangevul het. Ek was baie in my noppies toe gaste my begin uitvra het oor watter geheime bestanddele ek byvoeg het om die geregte daardie X-faktor te gee. Uiteindelik het ek al my beste resepte in boekvorm saamgevat, dit self geïllustreer en laat druk – *Die Blou Hond leef- en vreetstyl.*

'n Uitsonderlike gereg, het ek deur eksperimente en foute geleer, vra dat jy 'n groot verskeidenheid bestanddele bestudeer en 'n fyn aanvoeling ontwikkel vir balans en smake en geure wat saamhoort. Jy kan nie sommer enigiets saamgooi en dink dit gaan 'n lekker geheelsmaak vorm nie. Jy sal tog nie 'n hand vol rissies of 'n koppie sout by jou gewone sjokoladekoekresep gooi nie!

Meestersjefs ontstaan ook nie oornag nie. Daar is gereeld flops in die kombuis voordat jy 'n goeie sjef word. Dit verg jare se volgehoue toewyding om voedselalchemie te bemeester sodat jy later instinktief weet watter uiteenlopende bestanddele saamhoort en watter nie. Wanneer jy eers voedselalchemie begryp, kry jy egter 'n nuwe neus. Hierdie nuwe neus verstaan instinktief watter verskillende speserye en geure mekaar aanvul en watter glad nie saamhoort in een gereg nie. Jy ontdek watter belangrike rol tyd en temperatuur speel om 'n foutlose gereg te kan voorsit. Verder leer jy dat daar altyd 'n kerndis op 'n bord moet wees. Dit is die held van die gereg. Die ander kos op die bord is daar om die held te vereer en nie die aandag af te trek nie.

Net soos ons in die kombuis leer om sjefs te word, leer ons in die Meester se kombuis om geestelike alchemie te verstaan. Die Here wil ons leer om die karaktereienskappe wat saamhoort in ons alledaagse lewe te integreer (in te meng), en om dié wat 'n wrang smaak agterlaat uit ons lewe weg te laat. 'n Slypskool by ons Meester is nodig om 'n suksesvolle en volronde eindproduk vir Hom voor te sit. En die wenresep waarin Hy elk van sy kinders wil oplei, noem Hy "'n Christen met integriteit".

Om 'n Christen te word wat 'n heerlike smaak en geur versprei, waar jy ook al gaan of deur wat jy ook al doen, vra dat jy die karaktereienskappe en beginsels wat God vir ons in sy Groot Resepteboek voorskryf, sal verstaan, vaslê en toepas. As ons sonder sy toesig sou "bak en brou" soos ons wil, kan ons dalk onsuiwer karaktereienskappe byvoeg en heilsame en gesonde bestanddele weglaat.

Integrasie, of die vermenging van 'n groot verskei-
denheid van Jesus se karaktereienskappe binne dieselfde
mens, is nodig om uiteindelik 'n suksesvolle mens te word.
Integrasie is, volgens een verklaring, "die handeling om
dele aanmekaar te voeg, op te neem en/of aanmekaar te
vleg sodat dit deel van 'n geheel vorm".

Die woord *integrasie* het sy oorsprong in die Latynse
konsep *integratio*, wat weer kom van *integro*. Dit beteken
volledig, heel, afgerond. Die proses van integrasie is om
'n geheel te vorm van afsonderlike dele, of om iemand of
iets deel van 'n geheel te maak. Sosiale integrasie, byvoor-
beeld, is 'n dinamiese en veelvlakkige proses wat impliseer
dat mense wat om ekonomiese, kulturele, godsdienstige of
nasionale redes in verskillende sosiale groepe is, mekaar
ontmoet omdat hulle dieselfde doel het.

Kom ons herkou 'n oomblik hieraan voordat ons van
nader kyk na die karaktereienskappe wat 'n geïntegreerde
mens vertoon.

In die volgende hoofstukke gaan ons gesels oor die
tien goue eienskappe wat geassosieer word met iemand
met integriteit. Ons gaan kyk hoe ons die blinde mol se
molshope kan verminder en meer van die wyse uil se
sagte vere kan ontwikkel, in ons karakter kan vaslê en deel
van ons alledaagse lewe kan maak. Dit alles tot eer van
Christus, aan wie se Naam jou naam en my naam elke dag
gekoppel word terwyl ons deur die lewe reis.

Net soos enige resep se sukses afhang van die bestand-
dele wat saamgevoeg word, is daar noodsaaklike eien-
skappe wat ons as gelowiges deel van ons lewe moet maak
om opvallend anders te wees in 'n korrupte wêreld vol
smaaklose kos. Die geestelike rolmodelle na wie ek opkyk,
het almal daarin geslaag om 'n groot verskeidenheid uit-
nemende karaktereienskappe in hulle persoonlikheid in te
vleg om 'n skaars en besonder suiwer geloofspersoon met
ware integriteit te word.

Iemand met integriteit het baie meer eienskappe as dat
hulle nie lieg of steel nie. Die ontdekking van al die ander
eienskappe wat eie is aan iemand met ware integriteit was
vir my nogal 'n eye-opener. Eerlikheid is wel die stam
waaruit integriteit spruit, maar daar is talle ander lieflike
vertakkings aan hierdie integriteitboom wat ons nie moet
ignoreer nie.

Iemand met integriteit is 'n besonder fyn en diep ge-
nuanseerde mens. 'n Lang lys innemende en deugsame
eienskappe is in hulle hele persona vermeng. En in hier-
die boek nooi ek jou saam op 'n reis waartydens jy kan
kyk na die Meester se supereienskappe vir integriteit en
dan soveel moontlik van hierdie eienskappe deel van jou
menswees te maak. Hoe meer van hierdie eienskappe jy
deel van jou menswees en lewe kan maak, hoe meer op-
reg en veelvlakkig sal jy as Christen wees, iemand met die
X-faktor in jou lewe – Christus se karakter. Wanneer ons

met integriteit begin leef, sal ons as Christengemeenskap ál meer God se beeld in hierdie vreemde en gebroke wêreld weerspieël.

Hier is 'n voorsmakie van al die regte bestanddele wat Jesus graag in sy kinders wil raaksien: eerlikheid, opregtheid, waardering vir ander, respek vir ander, sensitief ingestel op ander, deernis met ander, aktiewe betrokkenheid by die genesingsproses van ander, nederigheid, naasteliefde, getrouheid, goeie kommunikasie- en konflikhanteringsvaardighede, gasvryheid, goeie maniere, selfbeheersing, hulpvaardigheid, goedhartigheid, dapperheid, doelgerigtheid, balans, vriendelikheid, blymoedige lewensingesteldheid, gehoorsaamheid, geduld, regverdigheid, hoë emosionele intelligensie, hoë geestelike intelligensie, 'n lewe na aan God die Vader. Die lys kan baie lank raak.

In die volgende hoofstukke kyk ons na die kerneienskappe van 'n veelvlakkige, volronde en suksesvolle mens. Nadat ons oor elke eienskap gesels het, is daar 'n slypskool. By hierdie slypskool sal jy oor God se Woord mediteer, 'n vraelys invul om jouself te evalueer, 'n gebed oor die betrokke eienskap bid en 'n praktiese opdrag vir transformasie en vernuwing in jou lewe kry. Die doel van hierdie slypskool is om jou te help om jou blindekolle raak te sien – en dan met nuwe oë en 'n beter karakter jou geestelike reis as 'n wyse uil voort te sit.

Voordat ons wegtrek met ons reis, is hier 'n paar vrae om solank oor na te dink:

- Wie beskou jy as iemand met integriteit, die wyse uile? Hoekom?
- Is hulle volgelinge van Jesus, of nie? Hoe voel jy hieroor?
- Watter mense ken jy wat bitter min van die kern-eienskappe van iemand met integriteit toon, die blinde molle?
- Is hulle volgelinge van Jesus? Hoe voel jy hieroor?
- Waar pas jy in? By die blinde Miss Mollies, of die wyse Oupa Uile?

1. Eerlikheid

Toe sê Jesus vir die Jode wat in Hom glo: "As julle aan my woorde getrou bly, is julle waarlik my dissipels; en julle sal die waarheid ken, en die waarheid sal julle vry maak."

– Johannes 8:31-32

Jesus se kernkaraktereienskap is eerlikheid. Ons kan ook sê waarheid.

Is eerlikheid die hoeksteen van jou karakter as Christen? 'n Eerlike, deursigtige karakter behoort jou eerste prioriteit te wees as jy 'n passievolle en uitgesproke volgeling van Jesus is en jou liefde vir Hom en jou gehoorsaamheid aan Hom aan die wêreld verkondig.

Onthou, ek en jy is soos sales reps. Ons verkoop Jesus en sy koninkryk elke dag, nie net met ons woorde nie, maar veral met ons optrede. En ons optrede is 'n uitvloeisel van die karaktereienskappe wat in ons vasgelê is.

As ons gereeld leuens (selfs noodleuens) vertel, benadeel ons nie net ons geestelike groei nie, maar knou ook die vertroue van ander wat na ons as gelowiges opkyk. Ons breek veral Jesus se beeld af. Ek en jy kan soekende mense ontmoedig en verwar en selfs van Jesus af laat wegdraai met gedrag wat strydig is met wat ons as Christene verkondig. Maak daarom doodseker dat jy nie skuldig is aan gedrag wat getuig van dubbele standaarde nie. Ons as volgelinge van Jesus kan nie vír sowel as téén Jesus wees nie. Ons moet kies en konsekwent wees. Of ons verteenwoordig Hom, of ons doen sy Naam oneer aan. Jesus is sinoniem met eerlikheid en deursigtigheid. Daar is geen leuens in Hom nie.

Ek kom in aanraking met 'n groot verskeidenheid mense in ons land. Baie niegelowiges wat ek ontmoet, vaar veel beter in eerlikheid, deursigtigheid en betroubaarheid as talle gelowiges. Dit maak my skaam en hartseer wanneer my ongelowige vriende my as Christen hieroor aanvat. Hulle vertel met smaak van al die dealbreaker-insidente wat hulle jare gelede al van alles wat Christelik is, laat vlug het. "Christene is witgepleisterde grafte. Skynheilig en vals," sê hulle in 'n koor.

Hierdie veralgemening ontstel my. En ek weet dit bedroef die Heilige Gees. Wat doen ek wanneer ek by 'n braai saam met die skaaptjops oor die kole gehaal word vir ander Christene se oneerlike en onetiese gedrag? In plaas daarvan om my te wip, verduidelik ek met 'n blos op my wange en met groot geduld en liefde: "Ek hoor jou en ek verstaan jou frustrasie en teleurstelling. Ek, nes julle, is ook al dikwels ontnugter deur Christene wie se woord ek vertrou het. Maar skep moed, ons is nie almal so nie. Daar ís gelowiges wat eerlik en opreg is in elke faset van hulle lewe. Kom ons fokus liewer op hulle. Meer nog, kom ons fokus op wat Jesus sê. Want Hy is 100% suiwer. Hy sal ons nooit teleurstel nie."

Voorgee-Christene, wie se woorde en dade in skerp teenstelling met mekaar staan, doen die geloofsgemeenskap baie skade aan. Veral wanneer hulle uitgevang word en hulle misleidende gedrag aan die lig kom. Dan word daar net vure doodgeslaan. Dikwels met nog leuens. Sulke dubbele standaarde skrik ongelowiges nog meer af. Daarom wil so baie ongelowiges met geen Christene iets te doen hê nie. Tot my groot hartseer, ook nie met Jesus nie. En hulle leer Hom dan nooit persoonlik ken nie.

Dit is die rede hoekom ek so passievol is en Christene altyd sal aanmoedig om met integriteit te leef en mekaar aanspreeklik te hou vir ons optrede. Die wêreld se oë is op ons gerig. Dit is ons verantwoordelikheid om die suiwer beeld van Christus wat ons verkondig ook uit te leef.

Bly eerder stil as wat jy voorgee om eerlik en betroubaar te wees, anders doen jy Jesus se Naam skade aan. Óf jy volg Hom in álles, óf jy vervolg Hom deur lynreg teen sy spore in te loop, in navolging van die vader van die leuen.

Mense met integriteit het almal een eienskap gemeen: eerlikheid. Leuens vorm nie deel van hulle samestelling nie. Eerlikheid is die hoeksteen van wie hulle is. Hulle is verknog aan die waarheid en is volkome betroubaar. Hulle besef hoe belangrik eerlikheid vir hulle reputasie is en rig daarom hulle hele lewe in volgens hierdie vaste kernbeginsel, sonder om daarvan af te wyk. Hulle swig nie voor versoekings om die waarheid te verdraai om 'n beter beeld van hulleself voor te hou of uit 'n ongemaklike situasie te probeer ontsnap nie.

Eerlike mense het 'n vasgemesselde begrip van wat reg en verkeerd is. Vir hulle is daar nie klein en groot sondes nie, en die waarheid het nie 50 verskillende skakerings van grys nie. Selfs wanneer die waarheid hulle kan benadeel of mense na aan hulle skaam of seer kan maak, sal hulle die waarheid in liefde praat.

Hierdie rolmodelle van eerlikheid se woord is werklik hulle eer. Hulle jok nie, en hulle swyg nie gerieflikheids-halwe oor ongerymdhede wat liefs aan die lig moet kom nie. Hulle is nie draadsitters nie, maar kies altyd die kant van waarheid, in elke situasie. Hulle sal enigeen wat lieg of bedrieg aanspreeklik hou, selfs al is dit 'n werkgewer, kollega, familielid of vriend vir wie hulle omgee. Hulle is nie omkoopbaar nie, al is die wortel wat voor hulle neus gehou word hoe groot en sappig.

Enige geestelike boodskap wat ek probeer oordra, begin altyd met selfondersoek. Ek het my hart noukeurig ondersoek en my afgevra hoe eerlik ek werklik is, ek wat die waarheid so hoog aanskryf. En ek moet erken, ek het 'n bietjie gebloos oor dinge wat ek jare gelede gedoen en geregverdig het.

Ek het reeds op 'n vroeë ouderdom 'n ingebore begrip van reg en verkeerd gehad. Tog onthou ek nou, many moons later, twee insidente toe ek iets geneem het wat nie aan my behoort het nie. Die een was in 'n handelshuis op die platteland. My ma het kos gekoop en ek het weggedrentel na die lekkergoedafdeling. En daar voor my oë sien ek toe 'n oopgeskeurde pakkie met kleurvolle fruit sparkles in. Iemand het duidelik voor die versoeking geswig en hulleself gehelp. En wat doen ek toe? Ek volg hulle voorbeeld en neem ook 'n lekker of twee en eet dit skelm terwyl my ma toiletpapier en waspoeier in die trollie laai.

Ek is lankal vir die gaps van die lekkers vergewe. Maar dit sê nogal baie dat ek so 'n onbenullige sonde baie jare later steeds onthou. Die les wat ek vandag nog saam met my dra, is om te sorg dat ek nie ingesleep word by verkeerde optrede net omdat almal dit doen nie. Net omdat die geleentheid op 'n skinkbord voor jou neergesit word, beteken dit nie jy moet dit aangryp nie. Verkeerd was nog nooit reg nie.

Die ander insident onthou ek net so goed. Ek was in graad 1 en kon al baie goed somme maak. Ek moes iets gaan omruil by die nabygeleë winkel en moes een sent kleingeld gekry het, wat die kassier geïgnoreer het. Sy het net voor haar bly staar en die volgende klant bedien.

Ongelukkig was ek te skaam en lafhartig om haar reg te help en aan te dring op my sent. Ek kon in daardie dae twee Chappies vir 'n sent koop. En wat doen ek toe? Ek gaan die volgende dag terug en steek 'n uitveër ter waarde van een sent in my sak en stap uit. Die les wat ek geleer het en vandag nog saam met my dra, is om dadelik op te staan vir wat reg is. Wanneer iemand my probeer kul, moet ek dadelik praat en nie later terugsluip en iets steel om die saak reg te stel nie.

In graad 3 het ek eenkeer in die wiskundeklas afgekyk. Ek was goed met wiskunde en het meestal volpunte gekry. Maar daardie dag het my oë afgedwaal na die meisie wat langs my gesit het se werk. Ek het een van my antwoorde uitgevee en met haar antwoord vervang. Toe ons ons punte terugkry, het ek nege uit tien gekry. Die antwoord wat ek gesteel het, was verkeerd. My oorspronklike antwoord was reg. Ek het nog nie weer met my oë gesteel nie. Ek bly by my eie antwoorde. Reg of verkeerd.

Ek het graag vrugte gesteel by die bure se huis. En later, wanneer ek al trommeldik geëet was, toestemming gaan vra om van die vrugte te eet. Net om my gewete te sus.

Op hoërskool het ek 'n paar keer gebunk en gemaak of ek siek is. Op universiteit het my konserwatiewe kamermaat en skoolmaat erken dat sy al sedert graad 10 rook. Ek het toe saam met haar gerook, en dié gewoonte lank onderhou ... én vir my ouma weggesteek.

Ek het al gejok oor hoeveel snye koek ek geëet het terwyl ek kwansuis op 'n dieet was. En hoeveel glase wyn ek by 'n partytjie gedrink het. En oor my gewig, die grootte van my rok en my ouderdom by oudisies.

Toe ek begin werk, was my werksetiek nie altyd so suiwer nie. Ek het 'n paar keer oor middagete my suster in Spanje gebel op die werk se onkoste. Ek het dikwels nie gewerk nie, maar eerder skelm 'n boek gelees of aan my blokkieskombers gebrei. Ek het ook my siekverlof gebruik wanneer ek nie siek was nie.

Daar is sekerlik nog baie ander dinge wat my sal laat bloos as ek aanhou grawe. Soms verkies ons 'n selektiewe geheue ...

Gelukkig het elke verkeerde optrede, hoe gering ook al, my gewete aangekla. Al was dit soms eers jare later, in hindsight. Namate ek ál nader aan die Here begin leef het, het waarheid en deursigtigheid deel van my lewe geraak. Vandag kan ek werklik sê ek leef bewustelik eerlik en streef elke dag daarna om in elke faset van my lewe reg op te tree, betroubaar te wees en die waarheid in liefde te praat.

Oukei, ek het myself nou in die spotlight gesit. Nou is dit jou beurt. Wat het jy in jou lewe gedoen wat jou laat bloos?

Om as Christen werklik te groei en gesuiwer te word vra dat ons die waarheidspieël voor onsself sal ophou en lank en diep en eerlik daarin sal kyk. Dit vra dat ons die karaktereienskappe wat die Meester aanbeveel by ons lewe sal integreer. Dit leer 'n mens ongelukkig nie deur net die teorie te bestudeer nie. Ek het gevind ek leer die beste uit my foute, deur my blindekolle en molshope te erken en iets daaraan te doen. Met 'n volgende versoeking of situasie kan ek dan my foute vervang met die regte optrede van iemand wat na die beeld van God geskape is en in Jesus se voetspore volg. Want Jesus is die waarheid.

Hoe voel jy noudat jy gelees en nagedink het oor 'n eerlike en deursigtige geloofslewe teenoor 'n oneerlike lewe? Is jy tevrede met jouself, of bloos jy effens? Is jy bereid om in die spieël te kyk, of wil jy liewer nie?

Wat my bring by die vraag: Hoe belangrik is die waarheid werklik vir jou as gelowige?

Slypskool

Mediteer oor God se Woord

Dink diep na oor hierdie vers voordat jy die vraelys be-
antwoord.

> Niks verskaf my groter vreugde nie as om te hoor
> dat my kinders in die waarheid lewe.
>
> – 3 JOHANNES VERS 4

Vraelys

Gaan sit op 'n stil plek, alleen by die Here. Toets nou hoe
eerlik jy is, teenoor die Here, jouself en ander mense, deur
die vraelys te beantwoord. Antwoord elke vraag eerlik
anders het die oefening geen waarde nie. Jy hoef jou ant-
woorde met niemand te deel nie.

Vra die Here om jou te help om die molshope van
oneerlikheid in jou optrede raak te sien en jou te help om
die eerlikheid van die wyse uil te ontwikkel.

Eerlikheid

A. Met woorde

1. Sê jy maklik vir iemand: "Ek sal vir jou bid" of "Ek sal
    jou binnekort nooi vir ete," sonder om dit regtig
    te doen?

2. Sê jy maklik vir iemand: "Ek betaal môre jou geld in," maar dan doen jy dit nie?

3. Sê jy maklik vir iemand: "Ek kom terug na jou toe," maar laat hoor dan nooit weer van jou nie?

4. Sê jy maklik vir iemand wat iets vertrouliks met jou deel: "Ek belowe om vir niemand hiervan te vertel nie," maar dan verbreek jy jou belofte?

5. Gebruik jy maklik 'n noodleuen as 'n verskoning of om jou bas te red, in plaas daarvan om die waarheid te praat?

6. Laat weet jy soms jou werkgewer dat jy te siek is om te kom werk, maar dan is jy nie regtig siek nie?

7. Verkondig jy die Here se Woord, maar leef nie self daarvolgens nie?

B. Met tyd

8. Is jy gereeld laat vir afsprake?

9. Laat jy gereeld mense wag?

10. Kanselleer jy maklik 'n afspraak op die nippertjie of daag net nie op nie?

11. Doen jy gereeld persoonlike goed in werktyd, soos om aanlyn aankope te doen of teksboodskappe te stuur?

12. Kom jy gereeld laat by die werk aan?

13. Neem jy langer middagete as wat jou werkure bepaal?

14. Glip jy vroeër weg by die werk wanneer niemand kyk nie?

15. Versuim jy dikwels om e-posse of teksboodskappe te beantwoord?
16. Bel jy gereeld nie mense terug nie?

C. Met geld

17. Betaal jy jou rekeninge stiptelik?
18. As jy personeel het, betaal jy hulle stiptelik?
19. Vul jy jou belastingvorm eerlik in?
20. Neem jy geld, kos of ander dinge wat nie aan jou behoort nie?
21. Koop jy persoonlike goed met jou man of iemand anders se kredietkaart, sonder hulle toestemming of medewete?
22. Help jy iemand reg wat jou per ongeluk te veel betaal het?
23. Neem jy toiletpapier in 'n openbare badkamer huis toe?
24. Neem jy suikerpakkies, konfythouertjies, en so meer, van restaurante huis toe?
25. Smokkel jy jou eie drank in by plekke met 'n dranklisensie wat dit verbied?

D. In jou verhoudings

26. Is alles wat jy doen deursigtig en in die ope, of het jy sekere geheime gewoontes wat jy liefs van jou geliefdes weerhou?

27. Steel jy met jou oë ander se kreatiewe idees en gee aan jouself die krediet daarvoor?

28. Jok jy vir jou man of kinders oor sekere ongemaklike dinge?

29. Jok jy oor jou man of kinders om hulle swak gedrag weg te steek?

30. Redigeer jy soms die feite om beter te lyk?

31. Bly jy soms stil oor die waarheid?

32. Is jy emosioneel getrou en lojaal aan jou lewensmaat, familie en vriende, of beswadder jy hulle by ander?

33. Is jy seksueel getrou aan jou lewensmaat? Fantaseer jy dikwels oor ander seksmaats?

34. As jy in 'n verhouding of getroud is, raak jy betrokke by aanlyn flirtasies of verhoudings?

35. Is daar dinge op jou foon wat jou verleë sal laat voel as iemand dit sou sien?

36. Besoek jy pornografiese webtuistes sonder jou lewensmaat se wete?

37. Sal jy ja sê vir 'n date met iemand wat jy weet verloof, getroud of in 'n vaste verhouding is?

38. Ontmoet jy die verkeerde mense in die geheim?

39. Jok jy daaroor?

Blinde mol

Watter blindekolle of molgedrag sien jy nou in jou lewe raak? Wanneer, waar en teenoor wie was jy nie eerlik nie?

....

....

....

....

....

....

....

....

Van watter leuens in jou lewe is jy al lank bewus, maar tog doen jy niks daaraan nie?

....

....

....

....

....

....

....

....

....

....

Wyse uil

Wat kan jy doen om te alle tye eerlik te wees? Hoe kan jy eerlikheid deel van jou karakter maak en dit met jou lewe integreer?

....

....

....

....

....

....

....

....

....

Om jou lewe, van binne en van buite, te omvorm om soos Jesus se lewe te lyk, vra 'n daaglikse diep en egte verbinte-nis met Hom. Hierdie verbintenis kan nie tot jou stiltetyd beperk word nie, maar moet elke faset van jou lewe raak en blywend wees om uiteindelik volkome in jou lewe geïntegreer te word. Wanneer jy 'n blywende verbintenis met Jesus het, sal jy altyd naby Hom bly en Hy sal jou bemagtig om te doen wat reg is. Só sal jy te alle tye en in alle omstandighede eerlik en deursigtig kan optree.

Gebed om eerlikheid

Here, U is lig en waarheid. Ek bely dat ek nie altyd volkome eerlik en suiwer leef nie. Soms verdraai ek die waarheid of gee aan myself toestemming om 'n noodleuen te vertel. Ek vra dat U elke leuen en oneerlike gedrag waaraan ek vandag skuldig was, sal vergewe. Lei my weg van elke versoeking om oneerlik te wees, want ek wil graag iemand met integriteit wees, iemand met die gesonde, gebalanseerde en Goddelike karakter van Jesus. Ek vra dat U die karaktereienskap van eerlikheid in my gees en denke sal anker sodat dit deel word van my DNS. Help my, Here, om u suiwerheid en waarheid te weerspieël, waar ek ook al gaan. Tot eer van u Naam. Amen.

Jou praktiese opdrag vir transformasie en vernuwing

Skryf drie gewoontes neer wat jy in jou lewe wil vaslê om jou te help om soos 'n wyse uil te leef en Jesus se waarheid en eerlikheid oral en altyd te weerspieël en uit te leef.

....

....

....

....

....

....

....

....

....

....

2. Opregtheid

Julle moet julleself distansieer van alle slegte gedrag, van elke vorm van valsheid, van voorgee wat julle nie is nie, van jaloesie en alle kwaadpratery. Hiervoor moet julle genoeg geestelike melk inkry. Smag daarom na hierdie voeding soos pasgebore babatjies na hulle ma se melk sodat julle daardeur kan groei tot volwasse verlostes. Julle het mos net ná julle weergeboorte klaar geproe hoe goed die Here is.

– 1 Petrus 2:1-3

Eerlikheid en opregtheid is vir my soos die twee ankerstutte aan weerskante van 'n ry boeke in 'n boekrak. Dit hou alles tussen hulle mooi regop en bymekaar. Opregtheid is dus net so belangrik soos eerlikheid as hoeksteen van jou karakter om 'n Christen met integriteit te wees. Hierdie twee onontbeerlike eienskappe sal jou oneindig baie help om die ander goue eienskappe van 'n mens met integriteit in jou lewe te vestig.

Opregtheid is onafskeidbaar van eerlikheid. Die twee kan nooit los van mekaar funksioneer nie. Dink 'n bietjie hoe moeilik dit sal wees om eerlik te wees, maar terself-dertyd 'n vals front van vriendelikheid voor te hou. Dit sal nie werk nie.

Tog is daar 'n fyn nuanseverskil tussen hierdie twee noodsaaklike eienskappe.

As volgelinge van Jesus gebruik ons Jesus as ons voor-beeld om opregtheid as 'n hoeksteen van ons karakter te bestudeer en vas te lê. Jesus was altyd en met almal ewe opreg. Daar was geen valsheid in sy woorde of sy optrede nie omdat sy innerlike wêreld, sy hart, 100% suiwer is. Jesus het nooit voorgegee wat Hy nie is nie, nooit iets gesê wat Hy nie bedoel nie en nie mense se guns probeer wen deur goeie dade te doen of mooi geluide te maak om hulle om te koop nie. Al die goeie dinge wat Jesus gedoen het, het Hy met 'n opregte hart gedoen.

Ongelukkig het soveel mense, ook gelowiges, bymo-tiewe wanneer hulle goeie dinge vir ander doen. Dink maar aan die groot donasie van welaf ouers aan die skool, met die stille ooreenkoms dat hulle kind hoofseun of hoof-dogter sal word. Dink maar aan die werknemer wat vir die hoof van die afdeling geskenke aandra, met die on-uitgesproke verwagting dat hierdie weldade vir hom of haar 'n beter posisie in die maatskappy sal verseker. Dink maar aan die weldoener wat met 'n breë glimlag die groot donasie aan 'n liefdadigheidsorganisasie skenk, met die verskuilde motivering om op belasting te spaar. Hier is nie sprake van 'n opregte hart nie.

Ek vra my gereeld af hoekom ek so besonder gaaf met ander is, veral met dié in 'n gesagsposisie. Hoekom bewys ek iemand 'n guns of maak ek 'n skenking? Hoekom gaan ek kerk toe? Ek wil seker maak die doel van my goeie dade is nie om goed te lýk nie, maar dat dit uit 'n opregte hart vloei, sonder enige verwagting om iets by iemand te score.

Jesus het nooit gegee om te beïndruk of in te wees nie. Hy het nie siekes gesond gemaak en honger mense kos gegee om politieke punte te werf en koning te word nie. Inteendeel. Jesus het weggedeins van openbare opheffing. Matteus 6:3 waarsku ons: "Nee, as jy iets vir die armes gee, moet jou linkerhand nie weet wat jou regterhand doen nie."

Jesus was baie uitgesproke oor die Fariseërs en skrif-geleerdes wat 'n blink en vroom godsdienstige beeld na buite uitgeleef het, maar in werklikheid muf en stowwerig en vals aan die binnekant was. Jesus keur enige vorm van valsheid af. Veral 'n vals godsdiens waar mense voorgee dat hulle volgens Jesus se waardes leef terwyl die teenoor-gestelde waar is.

Net soos eerlikheid, word opregtheid nie outomaties deel van 'n geïntegreerde lewe wanneer jy 'n Christen is nie. Ek ken baie Christene wat nie skroom om 'n vals front voor te hou nie, maar vergeet dat daar altyd ander is wat hulle sien wanneer hulle die masker afhaal.

Valsheid het sy oorsprong in die hart. Dit kan spruit uit jaloesie, of uit ambisie om die beste te wees. Hoe meer jy valsheid en voorgee deel van jou persoonlikheid maak, hoe meer afgestomp sal jou gewete word. Jy sal gemakliker word met jou skynheiligheid. Selfs jou beste vriende en kollegas kan later die slagoffers van jou valsheid word.

Voorgee is 'n kenmerkende eienskap van gewetenlose mense wat altyd hulle sin wil kry. Hulle onderduimse gedrag sal goed gekamoefleer word met 'n rits mooi woorde. Vals mense is meesterlike manipuleerders. Hulle sal die regte geluide maak om jou om die bos te lei – leë beloftes, die heuningkwas, komplimente en omkoopgeskenke is deel van hulle toorkunsies. As 'n mens nie waaksaam is nie, kan voorgee geleidelik soos gemaklike klere word wat jy vinnig aanglip, sonder om twee keer te dink aan die skade wat hierdie vals optrede aan jou beeld as Christen en die Naam van die Meester kan doen.

Ken jy die gewilde Netflix-reeks *Snakes in Suits*? Ek hou links verby wanneer die advertensie van dié reeks opkom, want dit laat my hare rys. Ek is nie lus om ook nog op die TV met al die oneerlikheid en knoeiery agter ander se rug gekonfronteer te word nie. Daar is genoeg wolwe in skaapklere in die regte lewe.

Dit is vir my betreurenswaardig dat opregte mense 'n bedreigde spesie geword het. Soveel mense se motiewe is onsuiwer. Wanneer hulle besonder gaaf is met jou, wil hulle gewoonlik iets hê. Wanneer hulle dit gekry het, draai hulle die vriendskapkraan weer styf toe.

Ek is, ongelukkig, redelik wantrouig wanneer mense te stroperig is en hulle goeie geloof soos 'n traktaatjie onder my neus rondswaai. Ervaring het my geleer om versigtig te wees vir oorvriendelike en oorgodsdienstige mense. Iewers is daar gewoonlik 'n catch.

Die verskynsel van 'n vals karakter en leefstyl sien ons ook baie duidelik op sosiale media. Dit het 'n tendens geword om 'n onakkurate weergawe van jouself aan die wêreld te verkoop, 'n mooier, jonger, perfekte jy. Pasop om alles te glo wat jy op sosiale media sien en hoor. Soveel eensame vroue hoop om 'n opregte, gelowige man op 'n dating site te vind, en dit laat my ril. Ek was nog nooit op so 'n site nie, maar het al te veel rillerverhale uit my goed-gelowige vriendinne se monde aangehoor. Onthou, when it's too good to be true, it probably is.

Alles is egter nie net doom and gloom nie. Ek kan vir jou baie verhale vertel oor opregte mense wat ek ontmoet het. Ek was byvoorbeeld jare gelede by 'n besonder verry-kende kamp vir Christenvroue buite Nelspruit. Ek was die spreker en die tema en slagspreuk wat die gemeente die hele naweek beklemtoon het, bly my steeds by: Keep it real.

Jare later onthou ek steeds hierdie les in opregtheid. *Keep it real.* Leef jou geestelike werklikheid uit, nie 'n ver-sinsel van jou verbeelding of die lewe wat ander van jou verwag nie. Moenie die balk onrealisties hoog stel om ander te beïndruk nie. Wees wie jy werklik op hierdie oomblik van jou reis is – met jou skete en al.

As inspirerende spreker probeer ek altyd om real wees, eerlik oor wie ek is en waar ek op my reis is. Ek daag eerder met my twee (regte) horinkies en skete op as om vals te wees en voor te gee dat ek anders is as wat ek regtig is. Want ek, meer as enigiemand anders, weet ek het baie tekort-kominge en uitdagings waarmee ek daagliks stoei. Ta ken vir ta. Waarom dan voorgee voor ander? Ek weet as ek myself op 'n troontjie sit, val ek nou-nou op my kroontjie.

Dit is vir my lekker om opregte mense as rolmodelle te kies en dop te hou. Daar is geen kunsmatige gedrag, valsheid of pretensie by hulle te bespeur nie. Hulle is altyd getrou aan hulleself, of ander nou van hulle hou of nie. Hulle lyk gemaklik in hulle eie vel. Kyk maar goed wanneer 'n opregte mens glimlag. Hulle glimlag strek tot in hulle oë en siel. Dit is nie net lippe wat vertrek om tande te wys nie. What you see, is really what you get. En hulle is nie vriendelik en opreg net om iets uit jou te probeer kry nie. Hulle vriendelikheid en behulpsaamheid is eg.

Opregte mense leef hulle ware kleure uit. Ook hulle kwesbaarheid. Daar is nie opgekropte negatiewe emo-sies wat met 'n suikerlagie verbloem word nie. Wanneer 'n opregte mens praat, kan jy maar elke woord glo, want hulle bedoel elke woord wat uit hulle mond kom. Wanneer hulle iets belowe, kan jy seker wees hulle sal hulle belofte nakom en nie gerieflikheidshalwe daarvan vergeet nie. 'n Kompliment van 'n opregte mens kan jy maar aanvaar; dit is nie bloot gegee om jou heuning om die mond te smeer nie. 'n Opregte mens is binne en buite presies dieselfde – ook agter jou rug.

Hierdie opregtheid moet ook deel van ons geestelike lewe word. Gaan lees gerus weer die bekende gelykenis van die Fariseër en die tollenaar in Lukas 18. Jesus gebruik hierdie gelykenis om vir ons die verskil tussen opregte en vals geloof te leer.

Twee mense het na die tempel gegaan om te bid (Luk 18:10). Albei, op die oog af, besig met 'n geestelike aktiwiteit. Ek dink baie mense sou onmiddellik bedenkinge oor die tollenaar se opregtheid gehad het. Tollenaars is geensins as godsdienstige mense beskou nie, maar eerder as geldgierig en skelm. Tog is die tollenaar uiteindelik die opregte een in Jesus se oë, die een wie se saak met God reg is. Nié die Fariseër nie.

Wat is die grootste verskil tussen die karakter van die Fariseër en die tollenaar wat Jesus in sy gelykenis uitlig?

Die Fariseër was tevrede met sy geestelikheid en ver-klaar aan die omstanders sy vertroue in sy eie vermoë om uiterlik aan al die menslike godsdienstige vereistes te voldoen, eerder as aan God se vereistes. Die Fariseër beskou sy geestelikheid ook as uitsonderlik deur dit te vergelyk met die oënskynlike gebrek aan geestelikheid in die sondige tollenaar.

Die tollenaar is egter die een wat in voeling met homself is. Hy is baie bewus van sy onvermoë om perfek voor God te leef. Hy maak homself kwesbaar en bely sy tekortkominge met 'n opregte en nederige hart voor God en al die omstanders. Hy sien sy geestelikheid vir wat dit is deur dit met God se heiligheid te vergelyk, nié met dié van die Fariseër wat oënskynlik baie beter vaar as hy nie. Die tollenaar het hierin geslaag: Keep it real.

Jesus gee hier vir ons belangrike leidrade om ons geestelike opregtheid te kan toets. Jesus vind meer opregtheid in die skelm underdog as in die hoogs godsdienstige Fariseër wat al die regte geluide maak. Jesus kyk na die ware karakter – verby die spoggerige buitekant. Hy laat Hom nie mislei deur oppervlakkige geestelike gedrag nie.

In Lukas 9:23 kry ons nog 'n paar rigtingwysers hoe om 'n opregte gelowige te wees. Jesus sê: "As iemand agter My aan wil kom, moet hy homself verloën, elke dag sy kruis opneem en My volg."

Verloën jouself. Dit vra dat jy jou kwesbaarheid sal wys. En dit is nie altyd maklik nie. Ek onthou die keer toe die VLV Vryburg my gevra het om daar te kom praat. Net mooi toe my egskeiding in al wat 'n koerant is, gepubliseer is. Tot die lamppale het dit verkondig: Nog 'n bekende Christenpaartjie skei.

Alle oë was op my toe ek by die saal instap. Dit het gevoel soos geweerlope wat op my gerig was. Ek was swak, ondergewig, met bene wat bewe en met 'n smile wat net nie stewig om my mondhoeke wou sit nie. Ek het shamed gevoel en nie mooi geweet hoe om die situasie te hanteer nie. Ek het egter deurgebeur met die praatjie en toe kop-onderstebo by my boektafel gaan sit, sonder om 'n woord oor my persoonlike lewe te sê.

'n Vrou wat self deur swaar lyding gegaan het nadat haar seun in 'n ernstige motorfietsongeluk was en om sy lewe geveg het, het my kwesbaarheid raakgesien. Sy het vorentoe gekom, die mikrofoon opgetel en gesê sy wil vir my bid. Terwyl sy gebid het, het die gehoor hulle hande opgelig en na my uitgesteek. Trane het oor my wange begin rol. Die damwal het gebreek.

"Dankie," het ek deur my trane heen gesê en die swart maskaravlekke probeer afvee. "Baie dankie." Eers nadat ek my kwesbaarheid gewys het, kon my pad na herstel begin.

Eers wanneer ons ophou voorgee dat alles goed en reg is in ons lewe, kan die genesing plaasvind.

Bely jou verlede en jou gebrokenheid. Erken dat jy nie 100% heel is nie, nie in jou geloof of in jou leefwyse nie. Ons almal het verlossing en vernuwing nodig, en ons kan dit maar vir ander sê.

Neem jou kruis op. Nadat jy kwesbaar was voor ander oor jou gebrokenheid, sal jy heel moontlik emosionele pyn en ongemak ervaar. Moenie daarteen skop nie. Aanvaar dit as jou kruis. Werk saam met God wanneer Hy vir jou wys waar Hy jou wil verander. Onthou, baie ander gelowiges dra hulle eie swaar kruise.

Jou reis na opregtheid begin by jouself. Moenie vir ander wag om opreg te wees voordat jy self opreg is nie. God het nie gewag om sy genade aan ons te bewys nie. Hy gee dit weg. So werk dit ook met opregtheid: Jy moet dit weggee, maak nie saak hoe dit ontvang word nie.

Volg Jesus. Ontvang God se herstelplan vir jou lewe. Sit dit op jou kop soos 'n blinknuwe kroon. Dit sal jou regop en opreg hou wanneer skaamte en verleentheid jou oorval. Leef jou waarheid en jou nuwe werklikheid onder God se sambreel van genade. Dit is bevrydend en genesend.

Soos in alles, is Jesus die maatstaf vir opregtheid. Hy definieer wat dit beteken om 'n opregte mens te wees, om in sy geloofsgemeenskap liefde te ervaar, maar om ook weerloos voor hierdie mense te wees, jou kruis dapper te dra en die voorbeeld van opregte geloof vir die wêreld te stel. As ons Jesus opreg volg en toelaat dat Hy ons lewensverhaal in 'n nuwe rigting stuur, verander Hy ons gebroke harte en lei ons na pragtige nuwe emosionele plekke.

Nou ja, dan is dit nou tyd vir my om my opregtheid te toets.

Ek glo dat ek nie altyd reg is nie, maar wel 'n opregte hart het. Selfs uit my opregte hart kom daar egter gereeld onsuiwer dinge. Ek het al voorgegee dat ek oukei is toe ek nie was nie. Dalk omdat die kollig 'n mens weerloos en 'n sagte teiken vir skinderstories en sensasie maak. Dan smile and wave ek maar, soos 'n koningin. Die mense wat ek vertrou, weet egter altyd hoe dit regtig met my gaan. Die Here weet ook.

Ek wil glo en vertrou dat skynheiligheid egter nie een van my karaktereienskappe is nie. Dit is vir my moeilik om voor te gee. As ek vriendelik is, is my vriendelikheid opreg. Ek is ook nie iemand wat ander se guns probeer wen nie. Ek gaan nie kompromieë oor my geloof aan nie. Ek gaan nie iets goeds vir jou doen of jou nooi vir ete om iets uit jou te kry nie. Wanneer ek jou nooi of iets vir jou sê of iets vir jou doen, is dit met 'n opregte en goeie hart.

As jy iets vertrouliks vir my vertel, sal ek dit nie oor-vertel nie. Ek beskinder nie ander mense nie. Wanneer ek jou probeer help, is dit omdat ek opreg omgee, nie om bonuspunte by jou of die Here te kry nie. Ek sien nie op die sogenaamde tollenaars neer nie, want ek is ook een. Wanneer ek oor my teleurstelling in iemand moet praat, kies ek 'n betroubare persoon as klankbord en raadgewer.

Hoe voel jy noudat jy gelees en nagedink het oor 'n opregte lewe teenoor 'n vals lewe? Dink jy jy is 'n opregte mens? 'n Opregte Christen?

Slypskool

Mediteer oor God se Woord

Dink diep na oor hierdie vers voordat jy die vraelys be-
antwoord.

> Wie 'n reguit pad loop, is 'n gelukkige mens. Kron-
> kelpaadjies bring jou in groot ellende.
>
> – SPREUKE 10:9

Vraelys

Gaan sit op 'n stil plek, alleen by die Here. Toets nou hoe
opreg jy is deur die vraelys te beantwoord. Antwoord elke
vraag eerlik anders het die oefening geen waarde nie. Jy
hoef jou antwoorde met niemand te deel nie.

Vra die Here om jou te help om die molshope van
valsheid en voorgee in jou optrede raak te sien en jou te
help om die opregtheid van die wyse uil te ontwikkel.

Opregtheid

1. Is jou optrede voor en agter ander mense se rug
    dieselfde?
2. Doen jy goeie dade omdat jy goed wil lyk of omdat jy
    regtig vir ander goed wil wees?
3. Wys jy ooit dat jy kwesbaar is, of maak jy asof jy
    bulletproof is?

4. Bely jy ooit jou tekortkominge, struggles en sondes aan die Here?

5. Bely jy ooit jou tekortkominge, struggles en sondes aan ander mense?

6. Huil jy ooit voor mense?

7. Huil jy ooit voor die Here?

8. Hoe bid jy? Dieselfde rympie oor en oor? Of vernuwe jy gereeld jou gebede namate jou lewe vernuwe?

9. Voel dit of jy waarlik connect met die Here wanneer jy bid, of voel dit vir jou jy bid teen 'n betonmuur vas?

10. Lees jy die Here se Woord getrou met 'n oop en opregte gemoed? Volg jy sy raad vir jou lewe, of ignoreer jy dit?

11. Raak jy ooit stil om die Here se stem te hoor?

12. Is jou persoonlikheid en optrede by jou geloofsgemeenskap anders as by die werk en by die huis?

13. Wys jy verskillende dele van jou karakter vir verskillende mense?

14. Steek jy dele van jou karakter vir sekere mense weg?

15. Is dit vir jou moeilik om jouself te wees voor ander?

16. Gee jy gereeld voor om heiliger te wees as wat jy werklik is?

17. Is jy vriendeliker met die dominee as met jou huis-hulp wat jou Bybel afstof en jou kinders oppas?

18. Skinder jy van mense wat jy nie regtig ken nie?

19. Skinder jy maklik van bekendes?

20. Skinder jy maklik van jou vriende of kollegas of
    familielede wanneer hulle nie by is nie?

21. Gee jy ooit vals komplimente om iets daardeur te kry?

22. Maak jy dikwels of jy saamstem net om iemand
    te please?

23. Gee jy ooit geskenke om iemand se guns te wen?

24. Verkondig jy ooit vals inligting oor ander?

25. Kook jy die boeke om te klop?

26. Bedoel jy wat jy sê? Of sê jy dit net om iets te bereik?

27. Is jy vriendeliker met mense in gesagsposisies wat
    jou loopbaan kan bevoordeel as met mense in
    laer posisies?

28. Is daar 'n gaping tussen die mens wat jy is wanneer jy
    alleen is en die mens wat jy voor ander is?

29. Is dit wat jy op sosiale media plaas 'n ware weer-
    spieëling van wie en wat jy is en waarvoor jy staan?

30. Deel jy Bybelverse en Christelike slagspreuke op
    sosiale media? En leef jy dan self wat jy verkondig?

31. Jok of oordryf jy wanneer jy jouself en jou produk
    beskryf en bemark?

32. Plak jy gereeld emosies aan wat jy nie werklik ervaar
    nie, soos empatie en medelye?

33. Maak jy dikwels of jy van iemand hou terwyl jy die
    persoon eintlik nie kan verdra nie?

34. Ondersteun jy mense wat deur 'n moeilike tyd gaan? Hoe doen jy dit?

35. Dink jy ooit na oor jou woorde of jou beloftes aan mense? Doen jy wat jy belowe?

36. Is jy bewus van jou gebrokenheid en dat jy, soos die tollenaar, die Here se genade nodig het?

37. Sou jy sê jy is 'n opregte mens? Of gee jy soms voor om te wees wie jy nie is nie?

Blinde mol

Watter blindekolle of molgedrag sien jy nou in jou lewe raak? Waar en wanneer het jy versuim om opreg te wees?

....

....

....

....

....

....

....

....

....

....

....

Van watter valsheid, voorgee en maskers in jou lewe is jy
al lank bewus, maar tog doen jy niks daaraan nie?

....

....

....

....

....

....

....

....

....

Wyse uil
Wat kan jy doen om opregter te leef? Hoe kan jy opregtheid
deel van jou karakter maak en dit met jou lewe integreer?

....

....

....

....

....

....

....

....

....

....

....

Om jou lewe, van binne en van buite, te omvorm om soos Jesus se lewe te lyk, vra 'n daaglikse diep en egte verbintenis met Hom. Hierdie verbintenis kan nie tot jou stilte-tyd beperk word nie, maar moet elke faset van jou lewe raak en blywend wees om uiteindelik volkome in jou lewe geïntegreer te word. Wanneer jy 'n blywende verbintenis met Jesus het, sal jy altyd naby Hom bly en Hy sal jou be-magtig om te doen wat reg is. Só sal jy te alle tye en in alle omstandighede opreg kan leef.

Gebed om opregtheid

Here, ek bely dat ek nie so opreg is soos wat ek dikwels dink of voorgee om te wees nie. Ek bely dat ek gereeld oppervlakkig en vals optree, ook teenoor U. Ek erken dat ek gereeld 'n vals gesiggie opsit om ander te beïndruk, of voorgee om te wees wie en wat ek nie is nie. Ek bely dat ek dikwels die regte geluide voor mense maak, maar dan agter hulle rug kwaad van hulle praat. Ek bid dat U my, sondaar, genadig sal wees. Leer my om 'n opregte en deursigtige mens te wees. Help my sodat ek nie bang sal wees om my kwesbaarheid en die waarheid oor wie ek is aan U en ander mense te wys nie. Tot eer van u opregte Naam. Amen.

Jou praktiese opdrag vir transformasie en vernuwing

Skryf drie gewoontes neer wat jy in jou lewe wil vaslê om jou te help om soos 'n wyse uil te leef en ál meer opreg te wees, in navolging van Jesus se voorbeeld.

3. Waardering

En toe Hy opkyk, sien Hy die rykes wat hulle gawes
in die skatkis gooi. En Hy het ook 'n arm weduwee
daar twee geldstukkies sien ingooi. En Hy sê: Waar-
lik, Ek sê vir julle dat hierdie arm weduwee meer
as almal ingegooi het. Want hulle almal het uit hul
oorvloed by die gawes van God ingegooi, maar sy
het uit haar gebrek ingegooi alles wat sy gehad het
om van te lewe.

– Lukas 21:1-4

Mense met integriteit het nog 'n kerneienskap wat soos
'n goue draad deur hulle lewe loop: Hulle waardeer ander
mense en wys dit vir hulle.

Jesus het gereeld gewys dat Hy mense waardeer. In die
verse hier bo sien ons hoe Hy erkenning gee aan die arm
weduwee se waarde as mens, nie aan die geringe waarde van
die twee muntstukkies wat sy ingegooi het nie. Ek wonder
hoeveel mense wat daar teenwoordig was, het hierdie vrou
se liefdesoffer raakgesien en haar daarvoor geloof. Dalk was
dit net Jesus. Want Hy kyk dieper as 'n stewige bankbalans.

Hy kyk na die goeie balans in jou hart. En Hy het gesê die arm weduwee se innerlike rykdom het soveel meer waarde as die twee muntstukkies waarop die rykes neergesien het.

Jesus het goeie dade raakgesien en aan mense erken-ning vir hulle goedheid gegee. Hy het ook die goedheid in die skynbaar onbelangrike mense raakgesien, al het ander verkies om hierdie mense te ignoreer of selfs te kritiseer. In Jesus se leeftyd is vroue as minderwaardig geag, maar in Jesus se oë was hulle geensins minderwaardig nie. Hy het die arm weduwee se waarde raakgesien en haar uit-gesonder as die een wat die meeste vir Hom gegee het. Sy het alles wat sy besit het, gegee.

Dit laat my hart warm klop wanneer ek lees met hoe-veel deernis Jesus vroue behandel het, ook die weduwees en die geskeides en die vroue met 'n nie-so-suiwer repu-tasie. Jesus het vroue nie as onbelangrik beskou nie. Hy het elke vrou se besonderse waarde raakgesien en openlik erkenning aan hulle gegee, midde-in 'n mansgeoriënteerde samelewing.

Lees gerus Markus 14:3-9. 'n Vrou seën Jesus met 'n albastefles vol duur lekkerruikolie. Die mense kritiseer haar, maar Jesus staan vir haar op. "Oral waar die goeie nuus in die wêreld verkondig word, sal wat hierdie vrou gedoen het, ook vertel word, en sy sal hiervoor onthou word," sê Hy.

Mag dit 'n inspirasie wees vir elke vrou wat nie altyd die erkenning kry wat haar toekom nie.

Jesus, die Man van genade en integriteit, eer hierdie vrou openlik in die openbaar vir die goeie daad wat sy vir Hom gedoen het. Jesus sorg dat haar naam hoog gehou en onthou sal word, terwyl die beterweterige godsdienstiges haar kosbare bydrae aan die Meester kritiseer as 'n vermorsing van geld.

Vandag nog kry ons mense wat geen waarde aan ander se goedheid heg nie. Hulle aanvaar dit as vanselfsprekend of ignoreer dit selfs openlik. Gelukkig is daar ook dié mense wat erkenning gee aan ander vir die ekstra myl, die ekstra tyd, die baie energie en die innovering wat hulle in hulle werk, sosiale geleenthede en vriendskappe inploeg.

As vryskutter het ek oor die jare vir 'n verskeidenheid maatskappye artikels en boeke geskryf. Party redakteurs het nooit moeite gedoen om dankie te sê of erkenning te gee aan my werk nie. Hulle het slegs met my gepraat as hulle kritiek wou lewer. Ander het, genadiglik, my hardwerkendheid, skryftalent en my bydrae tot die sukses van hulle maatskappy raakgesien en gereeld vir my positiewe terugvoering en erkenning gegee. Wie dink jy was die wind onder my skrywersvlerke? En wie het my ontmoedig en waardeloos laat voel?

Mense met integriteit is nooit so selfgesentreerd of so besig met hulle eie belangrike sake dat hulle ander se bydrae ignoreer nie. Hulle sien die waarde van elke mens raak, hoe gering dit ook al is. En hulle gee erkenning waar dit toekom. Iemand met integriteit se woordeskat is ryk aan waardering vir ander. Hulle aanvaar nie ander se goedheid en guns as vanselfsprekend nie. Wanneer iemand iets vir hulle doen of iets vir hulle beteken, sê hulle dankie. En hulle sal nooit die eer vir ander se harde werk of krea-tiewe en innoverende idees vir hulleself toe-eien nie.

Ek hou nie daarvan as mense 'n ophef van my as 'n celebrity maak nie. Dit laat my ongemaklik voel. In my oë is ons almal celebrities. My definisie van 'n celebrity is "a person whose life is worth celebrating". En ek glo ons elkeen se lewe is belangrik genoeg om gevier te word. Ek glo ons almal is hier om te dien, nie om gedien te word nie.

Ek verwag nie spesiale behandeling nie, maar ek glo ek verdien regverdige erkenning wanneer dit my toekom. Ons het tog almal 'n behoefte aan 'n plekkie in die son. Wanneer iemand vir my dankie sê, is dit soos 'n vitamien B-inspui-ting. Ek kry sommer nuwe woema en doen nog meer. Ná een funksie waarin ek my hart en siel en sweet uitgestort het, het 'n jong vrou 'n paar dae later hierdie woorde vir my gestuur: "Someone out there feels better because you exist." Ek het dit op my selfoon gestoor. Hierdie woorde sal bly dien as aansporing wanneer ander mense my ignoreer of soms selfs ongeskik en wreed teenoor my optree.

Jesus was altyd sensitief ingestel op ander. Hy was nooit te belangrik om die goeie mense wat goeie dinge doen, raak te sien nie. Hy kon net aanbeweeg het met sy besige lewe, maar Jesus het verkies om tyd af te staan en erkenning te gee aan mense wat sy lewe verryk het. Hy het seker gemaak die arm weduwee met haar twee muntstukkies en die vrou wat die duur olie op sy kop uitgegooi het se waarde sal nooit vergeet word nie.

Wanneer ek mense in my persoonlike ruimte innooi en hulle met 'n feestafel met kos, drank, gasvryheid, aandag, tyd, energie en liefde bederf en daarna nooit weer van hulle hoor nie, laat dit my onbevredig voel. Wanneer ek die volgende dag die hoop skottelgoed was en afdroog, dink ek: 'n Opregte dankie sou die wêreld se verskil gemaak het. Dit sou my as hardwerkende enkellopende vrou laat voel het ek word raakgesien en gewaardeer.

Ek wonder altyd hoekom party mense opregte dankbaarheid en waardering kan bewys, selfs vir die kleinste dingetjies wat jy vir hulle doen, terwyl ander stom bly daaroor. Selfs al laat jy 'n Boeing met 'n rooi strik om voor hulle deur aflaai, sal hulle nie boe of ba sê nie. Dit neem keer op keer die wind uit my seile. Asook die geesdrif om meer van myself in hulle lewe te belê.

Ek waardeer mense. En ek skroom nie om erkenning te gee aan dié wat goed is vir my en ander mense nie. Dalk omdat my ma my van jongs af geleer het om dit te doen.

Sy het ál drie haar kinders geleer om altyd dankie te sê en te waardeer wat ander vir ons doen. Sy het ons nooit met leë hande na 'n partytjie toe gestuur nie, al was ons nie welaf nie. En nooit sou ons die ingedrilde woorde – baie dankie – vergeet nie. Nou, baie jare later, het ons ál drie steeds groot waardering vir ander mense se positiewe insette in ons lewe.

Iemand met integriteit is nie te belangrik om ander raak te sien en erkenning aan hulle te gee nie. Almal hou tog daarvan om raakgesien en gewaardeer te word. Daar is egter 'n tendens, ook onder Christene, om ander se harde werk, goedheid, gawes en gunste as vanselfsprekend te aanvaar en selfs te misbruik. Daar is 'n nuwe soort afgestomptheid wat ek raaksien. Baie mense gryp deesdae die grootste stuk steak op die lewensbord, sonder enige dankbaarheid aan mense en God wat hulle daarmee seën. Hulle glo hulle is geregtig daarop en hoef nie eens 'n dankie terug te ploeg nie.

Dalk is dankbaarheid en waardering nie in hulle opvoedingsjare by hulle vasgelê nie, maar ek vermoed hierdie goue karaktereienskappe het weens ongeërgdheid en groepsdruk uit die mode geraak. Die Woord waarsku ons dat baie mense, ook Christene, die goeie pad met goeie waardes en goeie maniere sal byster raak. Lees maar wat 2 Timoteus 3:1-5 sê.

Dalk wonder jy hoekom ek hierdie eienskap om ander mense te waardeer so beklemtoon. Hoekom is dit so nodig om ander mense se waarde te erken? Onthou, die sleutel tot ware sukses lê in integriteit. En waardering vir ander mense is een van die goue eienskappe van 'n suksesvolle karakter. Jesus self het met die gelykenis van die muntstukke in Matteus 25:19-23 die waarde van erkenning beklemtoon.

In hierdie gelykenis gee die werkgewer nie slegs met sy woorde erkenning aan sy werkers nie, maar hy bevorder hulle ook. Hy beloon hulle harde werk. Hy gee meer ver-antwoordelikhede aan sy getroue werkers. Dit wys dat hy hulle potensiaal raaksien en hulle vertrou. Hy skat hulle en hulle werk na waarde en gee aan hulle wat hulle toekom. Hierdie soort erkenning sal my beslis aanspoor om nog meer te doen en nog beter te vaar en nog 'n paar ekstra myle te loop. En dit sluit my werk, my vriendskappe en my geestelike reis in. As iemand vir my sê "mooi so", is dit brandstof in my are. Dan vlieg ek soos 'n rocket.

Maar as iemand nie my goeie eienskappe en insette raaksien en erken nie, sal my geesdrif taan. Uiteindelik sal ek die werksverhouding, vriendskap of geestelike ven-nootskap verbreek en my gawes gaan aanbied waar ek wel waardering daarvoor kry.

Jesus se gelykenis beklemtoon egter ook: As iemand gedurig lyf wegsteek, kan hulle nie erkenning of 'n belo-ning verwag nie. 'n Leier met integriteit sal die vermoë besit om regverdig te oordeel. 'n Kerngesonde leier sal nie 'n lui werker bevorder nie, selfs al is hy of sy 'n vriend of 'n familielid. 'n Leier met integriteit sal ook nie die stil werker wat goed presteer, oorsien net omdat hulle nie saam uithang nie.

In Jesus se gelykenis het die werkgewer regverdig opgetree teenoor elke werker. Hy het elkeen se waarde reg bepaal en regverdig beloon. Die twee getroue werkers is bevorder en die een wat niks gedoen het nie, is afgedank.

Hierdie gelykenis kan ook 'n beeld van ons geestelike reis wees. God het aan ons elkeen waarde gegee. Die muntstuk is die simbool van 'n geestelike skat wat God aan jou toevertrou het. Wat doen jy met die skat wat God in jou belê het? Vermeerder jy die waarde daarvan deur doelbewus ál meer van God se karakter in jou lewe te weerspieël? Of laat jy die waarde daal deur geestelik passief te bly en die skat (God se karakter) weg te steek?

Maar genoeg gepreek. Kom ek sit myself weer in die spotlight en bepaal hoe baie ek ander mense waardeer.

Ek kom nie uit 'n ouerhuis waar alles in my skoot geval het nie. Ek moes van jongs af werk vir my sakgeld en het al op nege my eerste vakansiewerk gekry deur op 'n sypaadjie voor 'n kafee te help spookasem maak en verkoop. Op hoërskool het ek in die vakansies as kelnerin by die Wimpy gewerk en naweke die trein na Wynberg Kaapstad toe geneem om by 'n tak van die OK Bazaars te werk, in die toiletware-afdeling. Die ure was lank en ek het die ander kinders beny wat ryk was en nie hoef te werk vir geld waarmee hulle luukshede kon koop nie. Op universiteit het ek met behulp van twee beurse studeer en die beursgeld met drie vryskutwerke (ná my dag se klasse) aangevul.

Aanvanklik het ek net waarde aan my eie harde werk geheg. Ek het nie eens raakgesien dat ander mense rondom my ook swoeg en sweet nie. My fokus was net op myself. Ek het selde aan ander erkenning gegee. En ook nie daaraan gedink om vir die Here dankie te sê nie. Ek het tog die harde werk gedoen, nie waar nie?

Ná my eerste jaar in die koshuis het ek in 'n kommune gaan bly saam met 17 ander meisies. Ons was self daarvoor verantwoordelik om ons kamers en die gemeenskaplike kombuis netjies te hou. Party was gereelde en getroue skottelgoedwassers. Ek was nie een van hulle nie. Ek het hulle fluksheid as vanselfsprekend aanvaar en nie my deel gedoen nie. En nooit dankie gesê nie. Vandag bloos ek daaroor. Die Woord sê immers ons moet ander behandel soos ons self graag behandel wil word.

Die lewe het my geleidelik geleer om ook ander mense se waarde raak te sien en erkenning te gee aan dié wat betekenis aan my lewe gegee en vir my deure na sukses oopgemaak het. Toe ek my eerste toekenning as beste aktrise ontvang het, was daar 'n brandende begeerte in my om dankie te sê aan almal wat belê het in my as 'n bang en skaam buiteperd. Al het ons nie eintlik 'n spreekbeurt gehad nie, het ek die mikrofoon gegryp en vir hierdie mense voor 'n vol saal dankie gesê.

Toe Die Blou Hond-teaterrestaurant deel van my lewe was, het ek altyd gesorg dat ek vir my personeel dankie sê en hulle help waar ek kan. Ek het hulle beloon met bonusse en verhogings vir goeie en getroue werk. Ek het gevind dat dit 'n positiewe uitwerking op die hele span gehad het. My personeel het gevoel hulle word raakgesien. En ek het die beginsel "lead by character" gevestig. Elke aand in die kombuis het ons afgesluit met hierdie sin: "Thank you for your hard work."

Soms moes ek onbetroubare mense afdank. Dit was vir my moeilik, maar ek het geleer dat iemand met integriteit nie 'n pushover is nie en gesonde grense stel.

Suksesvolle mense gee nie net erkenning aan hulleself vir hulle eie werk, talente en deursettingsvermoë nie. Hulle gee ook erkenning aan die ander wat hulle ondersteun en met goedkeuring na hulle kyk. Meer nog, hulle erken openlik hulle het God se guns nodig om waarlik suksesvol te wees. Eers wanneer ons dit besef, sal ons, soos daardie een melaatse man, omdraai en met nederige dankbaarheid erkenning gee aan die Here en al sy weldade in ons lewe.

Vandag draai ek gereeld om om dankie te sê. Die Here het dankbaarheid, wat deel van die vrug van sy Gees is, in my ontwikkel. Ek het 'n nuwe waardering gekry vir elke mens wat 'n positiewe invloed op my lewe het. Daar is soveel mense betrokke by my sogenaamde sukses – dié wat my skryfwerk tot 'n goed geredigeerde eindproduk slyp, die lesers wat my ondersteun en my boeke koop en dié wat my vir funksies bespreek. Ek aanvaar hierdie waardevolle insette nie as vanselfsprekend of as iets wat my toekom nie.

Ek waardeer my tuinier, my huurders wat stiptelik betaal, die mense wat my asdrom leegmaak, dié wat my motor oppas en my kruideniersware in 'n sak pak. Daar is baie skakels wat my 'n sterk en suksesvolle ketting maak. En baie van hierdie skakels is mense wat stil-stil goed doen en vir my bid. Baie van hulle, soos die arm weduwee, gee hulle alles.

Daarom sal my lys dankies nooit afgehandel wees nie. My grootste dankie gaan egter aan God die Vader wat 'n skat in my belê het en aan my as sy kind genade en guns gee. Aan Hom kom die grootste erkenning toe vir enige sukses of goedheid in my.

Hoe voel jy noudat jy gelees en nagedink het oor 'n lewe van dankbaarheid, erkenning en waardering teenoor ander? Waar pas jy in? Gee jy graag erkenning aan ander? Of weerhou jy dit?

Slypskool

Mediteer oor God se Woord

Dink diep na oor hierdie verse voordat jy die vraelys be-antwoord.

Een van hulle het teruggedraai en God met 'n harde stem geloof toe hy sien dat hy genees is. En hy het voor Jesus se voete neergeval met sy gesig na die grond toe en hom bedank. Wat meer is, hy was 'n Samaritaan. Jesus het vir hom gevra: "Al tien is genees, nie waar nie? Waar is die ander nege dan? Het niemand anders behalwe hierdie man van 'n ander nasie teruggedraai om God te eer nie?"

– Lukas 17:15-18

Vraelys

Gaan sit op 'n stil plek, alleen by die Here. Toets nou hoe dankbaar jy is en hoe dikwels jy jou waardering wys, teen-oor die Here en teenoor ander mense, deur die vraelys te beantwoord. Antwoord elke vraag eerlik anders het die oefening geen waarde nie. Jy hoef jou antwoorde met nie-mand te deel nie.

Vra die Here om jou te help om die molshope van on-dankbaarheid en selfgesentreerdheid in jou optrede raak

te sien en jou te help om die waarderende en dankbare
karakter van die wyse uil te ontwikkel.

Waardering

1. Dink jy jy sien ander mense regtig raak?
2. Dink jy jy gee die nodige erkenning aan alle mense
   wat jou pad kruis, ook aan dié wat nie so belangrik of
   invloedryk of ryk is nie? Of gee jy net erkenning aan
   belangrike mense in jou kringetjie?
3. Is dankie 'n woord wat jy elke dag gebruik teenoor
   almal wat jou help?
4. Draai jy gereeld om en sê dankie wanneer iemand
   iets spesiaals vir jou doen? Stuur jy dalk ook 'n
   dankiesê-boodskap of 'n bos blomme?
5. Gaan jy leë hande na gesellighede, of neem jy iets vir
   die gasvrou saam?
6. Probeer jy spaar deur gereeld so min moontlik by
   te dra tot groepsgeleenthede? Of probeer jy jou
   waardering wys deur soveel moontlik by te dra?
7. Neem jy meer van mense as wat jy gee? Of gee jy
   meer aan mense as wat jy van hulle neem?
8. Sou jy sê daar is 'n gesonde balans in jou gevestig
   tussen gee en neem? En leef jy dit uit teenoor
   álle mense?
9. Leen jy gereeld iets, soos 'n boek of 'n bottel wyn,
   maar gee dit selde terug?

10. Sou jy jouself as 'n voorbeeld van 'n dankbare
    mens beskryf?

11. Sou jy jouself as suinig of inhalig beskryf, of as
    mededeelsaam?

12. Sluit jy mense graag in, of eerder uit?

13. Sou jy jouself beskryf as iemand wat nie net op
    jouself fokus nie, maar ook op ander?

14. Gee jy graag komplimente? En bedoel jy dit opreg?

15. Praat jy graag oor die positiewe insette wat mense
    in jou lewe maak, of liewer oor mense wat jou nega-
    tief raak?

16. Aanvaar jy hulp van ander as vanselfsprekend en iets
    wat jou toekom? Of heg jy spesiale waarde daaraan?
    Indien wel, wat doen jy om hulle raakgesien en
    gewaardeer te laat voel?

17. Gee jy openlik erkenning aan mense wat jou gehelp
    het om 'n werk te kry? Of wat aan jou 'n gulde
    geleentheid aangebied het? Gee jy (van) die eer aan
    hulle, of voel jy jou talente of gawes het die deure vir
    jou oopgemaak?

18. Gee jy graag geskenke vir ander mense, sommer net
    om hulle te bederf en te sê hoe jy hulle waardeer (en
    nie net met hulle verjaarsdag of Kersfees nie)?

19. Hoe ontvang jy geskenke en gunste? Reageer jy
    met opregte dankbaarheid, of aanvaar jy dit as

vanselfsprekend? Sou jy sê mense wat vir jou iets
doen, voel dat jy hulle raaksien en waardeer, of nie?

20. Gee jy graag erkenning aan elke lid van jou span, van
dié in die hoogste posisies tot dié in die laagstes? Of
vergeet jy van party? Indien wel, hoekom? Waarom
wil jy nie aan hulle ook erkenning gee nie?

21. Gee jy erkenning aan mense wat jou finansieel gehelp
het tydens 'n krisis? Of vergeet jy vinnig van hulle
goedheid en hulp sodra dit beter gaan?

22. Sê jy genoeg dankie vir die mense wat vir jou kos
maak, jou huis skoonmaak en jou kinders oppas? Of
voel jy die loon wat jy hulle betaal, is voldoende?

23. Gee jy gereeld iets ekstra vir iemand wat 'n ekstra myl
vir jou loop?

24. Maak jy graag openlik 'n ophef van ander mense se
goeie eienskappe en wys só jou waardering?

25. Vra jy ander ooit uit oor hulleself en hoe hulle voel?
Of voel jy dit is onnodig?

26. Gee jy graag van jou goed weg? Of klou jy daaraan vas?

27. Leef jy in dankbaarheid teenoor die Here? Of nie
juis nie?

Blinde mol

Watter blindekolle of molgedrag sien jy nou in jou lewe
raak? Waar het jy versuim om mense wat baie vir jou be-
teken het se waarde te erken?

....

....

....

....

....

....

....

....

....

Aan watter mense gee jy nie genoeg erkenning nie? Aan
wie behoort jy meer waardering te wys met jou woorde
en dade?

....

....

....

....

....

....

....

....

....

....

....

Wyse uil

Wat kan jy doen om mense meer te waardeer én dit te wys?
Hoe kan jy waardering deel van jou karakter maak en dit
met jou daaglikse lewe integreer?

....

....

....

....

....

....

....

....

Om jou lewe, van binne en van buite, te omvorm om soos Jesus se lewe te lyk, vra 'n daaglikse diep en egte verbintenis met Hom. Hierdie verbintenis kan nie tot jou stiltetyd beperk word nie, maar moet elke faset van jou lewe raak en blywend wees om uiteindelik volkome in jou lewe geïntegreer te word. Wanneer jy 'n blywende verbintenis met Jesus het, sal jy altyd naby Hom bly en Hy sal jou bemagtig om te doen wat reg is. Só sal jy te alle tye en in alle omstandighede sigbaar en tasbaar jou waardering kan wys aan elke mens wat jou help en ondersteun.

Gebed om waardering

Here, ek bely dat ek nie altyd mense wat vir my goed is na waarde skat en aan hulle die erkenning gee wat hulle verdien nie. Ek bely dat ek baiekeer mense se goedheid ignoreer en dit as vanselfsprekend aanvaar, sonder om terug te draai en te gaan dankie sê. Ek bely ook dat ek dikwels nie erkenning gee aan ander mense se harde werk nie, maar al die eer vir myself neem. Ek bid dat U my, selfsugtige sondaar, genadig sal wees en my sal vergewe. Help my om my dankbaarheid teenoor U en ander mense elke dag uit te leef en erkenning te gee aan elke mens op my pad. Tot eer van u Naam. Amen.

Jou praktiese opdrag vir transformasie en vernuwing

Skryf drie gewoontes neer wat jy in jou lewe wil vaslê om jou te help om soos 'n wyse uil te leef deur meer waardering en erkenning aan ander en aan God te gee.

4. Respek

Behandel almal met wie julle te doen kry beleefd en gemanierd. Teenoor julle mede-Christene moet julle liefdevol en lojaal wees. Erken en eer God as die groot en magtige Heerser, maar respekteer ook die leier van julle aardse regering.

– 1 Petrus 2:17

Respek is dalk 'n klein woordjie, maar dit het onskatbare waarde. Dit het die potensiaal om oorloë te voorkom en brûe te bou tussen uiteenlopende mense en selfs nasies. Natuurlik ás die betrokke partye mekaar en mekaar se opinies respekteer.

Iemand met integriteit het die kuns om respek te betoon bemeester. Maar voordat ons onsself op die skouer klop as iemand wat ander met respek behandel, moet ons kyk na wat respek werklik van ons vra.

Respek is familie van waardering, maar al lyk hulle dalk na mekaar, verskil hulle ook. Waardering is iets wat jy gee aan mense wat betekenis aan jou lewe gee, jou help en jou bemoedig en ondersteun. Met ander woorde, jy gee waardering aan dié wat dit verdien.

Respek, daarenteen, hang nie af van enige verdienste nie. Wanneer jy iemand respekteer, erken jy dat daardie mens, net soos jy, deur God geskep is, al kan jy geen ooglopende goeie eienskappe in hom of haar raaksien nie. Respek is deurlopende bedagsaamheid wat jy in dieselfde maat aan álmal uitdeel, ook aan mense wat nie noemenswaardige betekenis by jou lewe voeg nie, en selfs aan mense van wie jy nie hou nie of van wie jy radikaal verskil ten opsigte van geloof, politiek, kultuur, sosiale stand en seksuele oriëntering.

Respek verwys na hoe ons mense behandel. Ongelukkig word ons nie gebore met die vermoë om ander te respekteer nie. Ons moet dit aanleer, hopelik van jongs af deur die voorbeeld wat bedagsame volwassenes vir ons stel.

Iemand wat die kuns van respek bemeester het, het geleer om hulle medemens met 'n goeie gesindheid te verdra, om nie onderskeid te maak tussen mense nie en nie iets te doen wat ander kan aanstoot gee nie. Daarom word respek oor die wêreld heen beskou as een van die grondwaardes van 'n samelewing. Dit stel mense in staat om in harmonie saam te leef.

Respek begin by jouself. As jy nie respek vir jouself het nie, gaan dit moeilik wees om ander te respekteer. Mense met selfrespek heg waarde aan hulle geestelike en liggaamlike welstand en aan hulle vaste oortuigings. Hulle is vriendelik met hulleself en aanvaar hulleself, ongeag wat ander van hulle dink. Hulle leef hulle ware self uit, maar nooit ten koste of tot nadeel van ander nie.

Mense wat respek verstaan, hanteer alle mense met respek sodat almal met wie hulle in aanraking kom menswaardig en raakgesien sal voel. Hulle respekteer ook die reëls en grense wat ander in hulle lewe neerlê. Respekvolle mense is waardevol vir enige samelewing. Hulle lewer deurlopend gesonde insette om die skepping en alles en almal in die skepping in groter harmonie en vrede te laat saamleef.

As jy dit nog nie gedoen het nie, lees gerus Paul Meshanko se boek *The Respect Effect* (2013) oor die positiewe uitwerking van respek op die samelewing as geheel. Meshanko verduidelik dat die brein grootliks beïnvloed word deur hoe ander mense ons elke dag behandel. "When we're treated with respect, our brains literally light up and perform at their highest levels. When treated with disrespect, the higher thought processes in our brains go dormant. Hijacked by our primitive survival wiring, we become diminished assets to our employers and organizations," sê hy.

Dan gee Meshanko vir ons 12 praktiese sleutels om met meer respek teenoor ander te leef. Ek het gevind dat hierdie sleutels groot waarde het in my verhoudings met ander mense.

1. Wees altyd bewus van jou nieverbale (gesigsuitdrukking en liggaamstaal) en ekstra verbale leidrade wat jy na ander mense stuur (is dit hartlik, geslote of dalk afkeurend?).

2. Stel opreg belang in ander mense se perspektiewe wat van joune verskil.

3. Probeer aanvaar dat élke mens goed is in iets.

4. Leer die gewoonte aan om beter te luister, sonder 'n "maar".

5. Soek na geleenthede om met ander te connect en hulle te ondersteun.

6. Wanneer jy van iemand verskil, verduidelik vir hulle hoekom, sonder om jou te vererg.

7. Soek gedurig na geleenthede om te groei, ander in ag te neem en te verander.

8. Leer om te aanvaar dat jy soms verkeerd kan wees.

9. Moenie huiwer om om verskoning te vra nie.

10. Behandel mense só dat jy hulle selfbeeld opbou en nie afbreek nie.

11. Respekteer ander se tyd wanneer jy jou insette lewer.

12. Maak 'n glimlag deel van jou persoonlikheid.

Mense met integriteit het respek as 'n waardevolle eienskap in hulle lewe vasgelê. Hulle neem altyd ander mense in ag. Wanneer jy respek vir ander het, sal jy nie jou musiek so hard speel dat jou bure gedurig oorpluisies moet koop nie. Jy sal nie onverskillig bestuur nie. Jy sal nie rommel strooi nie. Wanneer jy iemand se huis oppas, sal jy nie al hulle kos opeet en al hulle drank uitdrink en die plek in chaos dompel nie.

Die lys van verskillende maniere waarop ons respek kan betoon, is oneindig. Jy sal bejaardes en kinders met groter geduld behandel, jy sal eerbied hê vir jou ouers, jou familie, jou kollegas en jou medeburgers. Jy sal respek hê vir ander kulture en hulle gebruike. Weer is die goue reël: Behandel ander mense soos jy wil hê hulle jou moet behandel. En bou só saam aan beter verhoudings.

Respek gaan natuurlik nie net oor die respek tussen mense en die uitwerking daarvan op hulle nie. Wat nog belangriker is, is dat ons as Christene se respek vir mense direk gekoppel word aan ons respek vir die Here self.

As God werklik vir jou so belangrik is soos wat jy bely en as jy Hom met jou hele hart liefhet, sal jy jou onderwerp aan sy voorskrif om álle ander mense met respek en naas-teliefde te behandel. Jou liefde en respek vir God, meer as enigiets anders, behoort jou motivering te wees om alle ander mense (ook dié wat high maintenance is) goed te behandel. As jy werklik respek het vir wie God is, sal jy sy skepping en alles wat Hy gemaak het met respek behandel.

Reeds in Genesis stel God vir ons 'n voorbeeld van re-spek. Ons sien God se deurlopende respek vir sy hande-werk. Elke keer wanneer Hy iets gemaak het en terugstaan om dit te aanskou, sê Hy: "Dit is goed." En nadat God die mens gemaak het, sê Hy oor alles wat Hy geskep het: "Dit is baie goed."

Vir my is God 'n ware gentleman. Hy betoon nie net respek wanneer mense reg leef nie, maar tree steeds met respek op toe alles skeefloop. God onttrek Hom nie van Adam en Eva nadat hulle ongehoorsaam was nie, maar Hy gaan soek hulle. God heg steeds waarde aan die mense wat Hy geskep het, en Hy tree steeds liefdevol en bedagsaam teenoor hulle op. Hoekom? Om hulle nuut te maak.

Wanneer ons ons naaste liefhet soos onsself, respekteer ons God en die hoë waarde wat Hy aan alle mense heg. God is nie lief vir mense omdat hulle bewonderenswaardige eienskappe het of uitsonderlike prestasies behaal nie. God is onvoorwaardelik lief vir mense omdat Hy ons elkeen met soveel sorg en aandag gemaak het. Psalm 8:6 sê: "U het hom net 'n bietjie minder as 'n hemelse wese gemaak en hom met aansien en eer gekroon."

Ten spyte van die voorbeeld wat Jesus vir ons gestel het en die respek wat God vir ons as sy maaksels het, tree so baie mense nie met respek op teenoor hulle naaste nie. En dit sluit Christene in.

Om respek 24/7 uit te leef vra baie inoefening, want ons sal altyd teenstand ervaar van ons sondige eie ek. Die meeste van ons, ook ek, volg gereeld ons eie aangepaste riglyne vir 'n lewe van respek. Ons tree maklik op volgens die waarde wat óns aan iemand toeken, nie volgens die waarde wat God aan hulle heg nie. As iemand of iets nie vir ons veel betekenis het nie, ignoreer ons dit maklik of vertrap dit selfs. As iemand of iets wel baie waarde vir ons het, is ons versigtiger in ons optrede.

Mense betoon respek om verskillende redes, of weerhou dit om verskillende redes, afhangende van hulle motiewe. Mense tree ook met respek op om hulleself te beskerm, of selfs hulle eie belange te bevorder. Jy is dalk vriendelik met die CEO van die maatskappy, maar nie met die gebou-opsigter nie. Jy behandel jou groepie medegelowiges dalk met respek, maar nie mense van ander gelowe nie.

Ek glo ons kan uit Josef se voorbeeld baie leer oor die soort respek wat God se goedkeuring wegdra.

Josef het baie na aan God geleef en God se riglyne gerespekteer, selfs in haglike omstandighede. Omdat God altyd by Josef was, kon Josef reg optree, ook teenoor die mense wat hom benadeel het.

Josef se broers wou hom doodmaak, maar toe besluit hulle om hom as slaaf te verkoop. Hierdie optrede sou nie respek by my afgedwing het nie, maar Josef hou sy oë op God gerig, nie op mense nie. Ongeag mense se optrede, sien Josef steeds hulle waarde raak. En later behandel hy sy broers volgens die waarde wat God aan elke mens toegeken het. Dit is iets om aan te herkou.

Jakob, Josef se pa, het self 'n rol in sy swaarkry gespeel. Hy het Josef openlik voorgetrek en selfs vir hom 'n pragtige veelkleurige jas gegee. Dit het daartoe bygedra dat sy broers jaloers geraak het en hom uiteindelik gehaat het. Ongeag die negatiewe uitwerking van sy pa se voortrekkery, bly Josef respekvol teenoor sy pa. Jare later stel hy sy bejaarde pa sonder skaamte aan die magtige farao voor. Hy maak seker dat daar 'n goeie verstandhouding tussen hom en die farao bestaan oor sy familie en verseker só dat sy pa goed versorg word.

Al was die farao 'n heiden en het hy hom nie aan God en sy voorskrifte gesteur nie, het Josef sy familie aan hom voorgestel. Hiermee erken hy die farao as regeerder, werkgewer en mens. Jakob gaan selfs verder en groet die farao met 'n seën.

Om vir iemand respek te hê vra nie dat jy hulle wêreldbeeld, kulturele gebruike, beskouings en optrede moet goedkeur en navolg nie. Dit vra nie dat jy jou oortuigings sal prysgee en met hulle sal saamstem nie. Jy kan van hulle verskil en steeds met respek teenoor hulle optree, net soos Josef van die farao verskil maar hom steeds gerespekteer het.

Respek hou verband met die waarde wat ons aan God, aan ander mense, aan onsself en aan die skepping heg. Daarom moet ons as Christene altyd onthou dat álle ander mense ook beelddraers van God is. Ook hulle is deur God

en vir God geskep, nie net Christene nie. God heg onskat-
bare waarde aan alle mense. Hy tref geen onderskeid nie.
Almal is sy handewerk, al lyk dit dalk vir jou na iemand
anders s'n. Markus 12:29 bevestig dit duidelik: "Jesus ant-
woord toe: 'Bo-aan die lys staan: Luister mooi, die Here
ons God is die enigste Here wat daar is.'" Ek self gebruik
Galasiërs 5:22-23 as 'n spieël om my gedrag teenoor ander
te monitor: "Die vrug van die Gees, daarteenoor, is liefde,
vreugde, vrede, geduld, vriendelikheid, goedhartigheid,
getrouheid, nederigheid en selfbeheersing."

Die woord *respek* het sy oorsprong in 'n Latynse woord
wat "aandag", "oorweging" en "kyk weer" beteken. Dit vat
die essensie van respek vir my so mooi saam, want dit
impliseer dat iets of iemand 'n tweede blik werd is.

Terwyl ons respek as karaktereienskap vaslê en in ons
lewe integreer, leer ons ook liefde, empatie, verantwoorde-
likheid en verdraagsaamheid ken. Ons leer om met sagter
oë te kyk na mense wat nie dieselfde dink en is as ons nie,
met wie ons nie voorkeure of belangstellings deel nie, met
wie ons dalk niks gemeen het nie. Behalwe dat ons almal
mense en die Almagtige se handewerk is.

Respek vir die diversiteit van ander mense se opinies en
oortuigings het groot waarde in vandag se samelewing wat
na billikheid en 'n gesonde naasbestaan streef. Sonder respek
sal ons nooit daarin kan slaag om die lewe en perspektiewe

van ander in ag te neem nie. Ons kan nie geestelik groei as ons net in ons eie visbak bly swem en net vriendelik is met ons eie bak se vissies nie. Sulke eksklusiewe respek is nie in pas met God se Woord nie. Dit skep eerder konflik en is tot nadeel vir die samelewing.

Hoe vaar ek met respek? Ek probeer sover moontlik alle mense met respek behandel. Sover ek weet, het ek die reputasie van iemand wat ander respekteer en in ag neem. Ek het eenkeer oorlede Miems de Bruin se strandhuis gehuur. Sy het ná die tyd opgemerk dat sy glad nie eens kon agterkom dat daar vir twee weke mense in haar huis was nie. "Daar was nie eens 'n teelepeltjie uit plek nie en alles was silwerskoon," het sy vertel. "As almal maar met soveel respek kon optree." Dit was 'n groot pluimpie vir my.

Maar ek moet erken, ek sukkel wanneer mense onbeskof is met my, en met ander. Ek sukkel wanneer mense nie respek vir my het nie. Ek sukkel wanneer mense my soos 'n vloerlap behandel. Dan groei my onbeleefde horings gou-gou.

Baie jare gelede het 'n geskeide vrou met twee kindertjies haarself as 'n baie groot Christen bekendgestel en die huis waarin ek nou woon by my gehuur. Ná 'n paar maande het ek ontdek dat sy haar broer, 'n dwelmverslaafde, sonder ons medewete of goedkeuring ook daar laat woon het. Die man was duidelik humeurig en het 'n paar kombuiskaste met sy vuis stukkend geslaan.

Ek het haar skriftelike kennis gegee dat haar broer moes uittrek. Dit was die respekvolle ding om te doen. Sy het my kennisgewing geïgnoreer. Daarna het ek haar die gewone maand kennis gegee. Sy, haar twee kinders, haar minnaar en die aggressiewe broer sou moes trek. Maar daar was geen samewerking van hulle kant nie.

Die dag toe hulle die huis moes ontruim, het my personeel vir my gesê Sandra, een van my personeellede wat drie maande swanger was, het vir die vrou geld geleen vir klere en sy weier om dit terug te betaal. Toe Sandra haar gaan konfronteer, het die vrou gewelddadig opgetree en Sandra in haar maag geskop. Ek was by 'n Kersfunksie by Die Blou Hond toe ek hiervan hoor. Ek het alles net so gelos en na die huurhuis gejaag. My bakleihorings was uit ...

Tevergeefs het ek 'n sinvolle gesprek met die vrou probeer aanknoop. Sy het agteroor gesit, geglimlag en geweier om te trek of Sandra se geld terug te gee. Boonop het sy my uitgetart en onsmaaklike leuens oor my seun rondgeslinger. Toe sy my seun beledig, het ek haar aan haar hare gegryp (ja, regtig!) en in die proses een van my mooi en duur ontwerpernaels verloor.

Sonder daardie nael het ek haar meubels tot op die sypaadjie begin sleep. Ek het gebewe van woede. Sandra is intussen na die hospitaal geneem vir 'n ondersoek. Ek het die polisie ontbied en die vrou het die aand agter tralies geslaap – aangekla vir molestering van my swanger personeellid. Haar ryk minnaar het gesorg dat sy die volgende dag op borgtog vrygelaat kon word. "There is no fool like an old fool," het hy verleë opgemerk en namens haar om verskoning gevra.

Deesdae hou ek my naels kortgeknip en my hande agter my rug wanneer iemand my uittart en ek voel ek wil-wil my selfbeheersing verloor. Ek wil nie weer 'n bossie hare uit iemand se kop ruk of 'n nael verloor nie. Ook nie my bloeddruk opjaag nie. Ek wil eerder so koel soos 'n komkommer bly in sulke situasies. Vriendelik maar ferm.

Ek het geleer dat God baie meer van my vra as om iemand aan die hare rond te pluk, ongeag of die omstandighede dit regverdig. God vra dat ons wat vir Hom lief is en na sy wil geroep is, 'n voorbeeld sal stel en álmal met respek sal behandel, ook die padvarke en die mense wat ons uittart met hulle swak gedrag. God vra van ons om wyse uile te wees wat die groter prent raaksien. Deur respekvol op te tree vestig ons 'n meer gematigde klimaat vir almal om in te leef. Net soos Josef duisende jare gelede vir ons gewys het.

Hoe voel jy noudat jy gelees en nagedink het oor respek teenoor ander mense? Waar pas jy in? Behandel jy almal met respek? Of net dié wat soos jy is? En wat van mense in gesagsposisies?

Slypskool

Mediteer oor God se Woord

Dink diep na oor hierdie verse voordat jy die vraelys be-
antwoord.

> Dieselfde gesindheid moet in julle wees wat daar
> ook in Christus Jesus was: Hy wat in die gestalte
> van God was, het sy bestaan op Godgelyke wyse nie
> beskou as iets waaraan Hy Hom moes vasklem nie,
> maar Hy het Homself verneder deur die gestalte van
> 'n slaaf aan te neem en aan mense gelyk te word.
> – FILIPPENSE 2:5-7

Vraelys

Gaan sit op 'n stil plek, alleen by die Here. Toets nou hoe-
veel respek jy vir die Here en ander mense het deur die
vraelys te beantwoord. Antwoord elke vraag eerlik anders
het die oefening geen waarde nie. Jy hoef jou antwoorde
met niemand te deel nie.

Vra die Here om jou te help om die molshope van 'n
gebrek aan respek in jou optrede raak te sien en jou te help
om respek vir alle mense deel van jou karakter te maak.

Respek

1. Dink jy jy het respek vir jouself? Hier is 'n paar
    leidrade terwyl jy oor hierdie vraag nadink: Staan
    jy op wanneer die wekker afgaan, of druk jy gereeld
    die snooze-knoppie? Leef jy higiënies en trek jy elke
    dag skoon klere aan en versorg jouself goed? Is jou
    leefruimte skoon en ordelik? En hoe vaar jy ten opsigte
    van jou stiltetydroetine, gesonde eetgewoontes,
    getroue werksroetine, gereelde oefening en
    ontspanning? Is jou leefstyl gebalanseerd of chaoties?
    Geniet jy die lewe, of voel jy gereeld ongelukkig,
    agter, oorwerk, moeg en uitgebrand? Bederf jy jouself
    ooit met me-time, soos 'n naweek weg of 'n geskenk
    aan jouself? Voel jy waardevol, of voel jy waardeloos?
    Leef jy jou oortuigings met blydskap uit, of is jy bang
    en onseker om jou identiteit uit te leef? Is jy 'n people
    pleaser, ten koste van jouself?

2. Dink jy jy betoon respek (bedagsame liefde) aan
    álle mense? Hier is 'n lysie om jou te help: jou ouers,
    kinders, bure, onderwysers, leraar, ander leiersfigure,
    werkgewer, werknemers, kollegas, vriende, huishulp,
    tuinier, mense van ander kulture, mense van
    ander gelowe, mense met tattoos en neusringe,
    taxibestuurders, mense wat jou motor vol brandstof
    maak, staatsdienswerkers, bedelaars, vreemdelinge …

Stel jy opreg belang in ander mense? Vra jy hulle gereeld uit oor hulle lewe, al verskil dit van joune?

3. Kan jy luister? Hier is riglyne om jou te help nadink oor hierdie vraag: Het jy respek vir mense wat van jou verskil ten opsigte van hulle tradisies, kultuur, godsdiens, velkleur, taalvoorkeur, kleresmaak, musieksmaak, vriende, vermaak? Luister jy werklik na hulle perspektiewe, of bulder jy hulle dood met jou eie menings? Of probeer jy hulle "bekeer" om soos jy te dink en te doen?

4. Het jy respek vir ander se tyd? Dit wil sê, is jy betyds vir afsprake en kom jy sperdatums na? Daag jy op by geleenthede wanneer jy gesê het jy sal daar wees? Beantwoord jy al jou persoonlike teksboodskappe en e-posse, of ignoreer jy dit dikwels? Mors jy ander se kosbare tyd deur ure lank (onsin) te praat? Hou jy mense dikwels onnodig op? Onthou jy om dankie te sê vir die tyd wat ander aan jou afstaan?

5. Het jy respek vir die land se wette en die padreëls, of net vir party? Watter kom jy nie na nie? Hoekom? Wat is jou motivering?

6. Het jy respek vir ander se goed? Pas jy dié dinge wat aan jou sorg toevertrou word goed op? Gee jy die goed wat jy leen stiptelik terug sonder dat iemand jou moet herinner? Vat jy goed wat nie aan jou behoort nie, of gebruik dit sonder toestemming?

7. Het jy respek vir die omgewing en die natuur?
    Is jy 'n besoedelaar? Gooi jy gereeld vullis by jou
    motorvenster uit? Los jy graag jou leë bottels en
    pakkies in die openbaar vir ander om op te tel en weg
    te gooi? Tel jy ander se vullis op om die land te help
    skoon hou? Help jy om jou omgewing op te pas en
    te bewaar vir die nageslag deur met sorg teenoor alle
    plante en diere op te tree?

Blinde mol

Watter blindekolle of molgedrag sien jy nou in jou lewe
raak? Waar het jy versuim om mense met respek te behan-
del, hulle in ag te neem of bedagsaam te wees?

....

....

....

....

....

....

....

....

....

....

Aan watter mense betoon jy nie genoeg respek nie, maar tog doen jy niks daaraan nie?

....

....

....

....

....

....

....

....

....

....

Wyse uil

Wat kan jy doen om alle mense, selfs dié wat dit volgens jou nie verdien nie, met respek te hanteer? Hoe kan jy respek deel van jou karakter maak en dit met jou lewe integreer?

....

....

....

....

....

....

....

....

....

Om jou lewe, van binne en van buite, te omvorm om soos Jesus se lewe te lyk, vra 'n daaglikse diep en egte verbintenis met Hom. Hierdie verbintenis kan nie tot jou stiltetyd beperk word nie, maar moet elke faset van jou lewe raak en blywend wees om uiteindelik volkome in jou lewe geïntegreer te word. Wanneer jy 'n blywende verbintenis met Jesus het, sal jy altyd naby Hom bly en Hy sal jou bemagtig om te doen wat reg is. Só sal jy te alle tye en in alle omstandighede aan alle mense én aan God respek kan betoon.

Gebed om respek

Here, ek bely dat ek nie alle mense elke dag met respek behandel nie. Ek bely dat ek ver tekortskiet en selfs onbeskof is met sekere "tipes" wat ek glo nie respek verdien nie. Help my om nuut te kyk en anders op te tree. Help my om vir U respek te hê deur elke mens as 'n skepsel en beelddraer van U te erken. Laat ek met sagte oë na hulle kyk. Ek bely dat ek voorkeure het. Help my om, soos Josef, beleefd te wees met elkeen, ook die ongelowiges. Ek bid dat U my, selfsugtige sondaar, genadig sal wees en my sal vergewe. Help my om elke dag liefdevoller op te tree teenoor elke mens wat my pad kruis. Help my ook om u skepping en ander mense se handewerk en besittings met respek te behandel. Tot eer van u Naam. Amen.

Jou praktiese opdrag vir transformasie en vernuwing

Skryf drie gewoontes neer wat jy in jou lewe wil vaslê om jou te help om soos 'n wyse uil te leef deur ander mense te respekteer en in ag te neem en bedagsaam teenoor hulle op te tree.

5. Regverdigheid

Moenie 'n man wat sy mag misbruik, beny nie en
moenie self soos hy maak nie.

– Spreuke 3:31

'n Regeerder sonder insig in die regte manier van
lewe, sal sy mag misbruik. Wie wanpraktyke haat,
sal lank regeer.

– Spreuke 28:16

Ek het nagelees oor die woord *regverdig* en op die vol-
gende afgekom: Dit wat in ooreenstemming met God se
standaarde is, is *regverdig*. God stel dus die standaard
waaraan sy mense moet voldoen as hulle in harmonie met
mekaar en met Hom wil leef.

Onregverdigheid, daarenteen, is die versuim om te
voldoen aan God se voorskrifte van wat reg en regverdig is.
Ongeregtigheid en onregverdige optrede is sonde in God
se oë. Dit grens aan wanorde en wetteloosheid.

Ons Skepper het aan ons baie dinge, gawes en talente gegee om te geniet en te gebruik, tot voordeel van onsself, ander mense en die skepping. Wanneer ons sy gawes reg gebruik, heg ons dieselfde waarde as God aan ander mense en sy skepping. Wanneer ons God se gawes misbruik, rig ons skade aan, aan God se beeld, onsself, ander mense en die skepping. Om mense onregverdig en sonder respek te behandel en om die skepping te besoedel en te vernietig, ontneem mense en die skepping van hulle Godgegewe waarde.

Gebruik hou voordele in; misbruik het altyd nadele tot gevolg. Die woord *misbruik* strek veel verder as die misbruik van gewoontevormende middels, seksuele misbruik of die uitbuiting van die omgewing.

Volgens sielskenners is daar verskillende beweegredes waarom soveel mense nie skroom om onskuldige en goeie mense te misbruik nie. 'n Minderwaardigheidsgevoel of 'n swak selfbeeld kan daartoe lei dat so iemand in 'n magsposisie hulle mag misbruik en mense onregverdig behandel. Misbruik kan ook verband hou met 'n onderliggende begeerte om in beheer te wees. Mense wat ander misbruik, teiken gewoonlik dié wat hulle as hulle minderes beskou – vroue, kinders, werknemers, mense in laer inkomstegroepe of sonder opleiding.

Misbruik sluit ook diktatorskap, finansiële uitbuiting en die liggaamlike en geestelike aftakeling van mense en hulle regte in. Soms is die vonk wat aanleiding gee tot onregverdige en onregmatige optrede onderdrukte jaloesie. Wanneer die groen monster jou beetkry, kan dit jou oordeel negatief beïnvloed en jou selfs totaal verblind. En dan tree jy onregverdig en ondeurdag op.

Lees gerus weer die verhaal van koning Saul in 1 Samuel.

Saul was aanvanklik 'n goeie en gewilde leier. God self het hom as koning gekies en laat salf en seën. God het egter sy guns van Saul onttrek nadat Saul ongehoorsaam was aan sy opdrag om die Amalekiete en hulle besittings geheel en al te vernietig. Saul het verkies om sy eie reëls te maak en te volg, en God se voorskrifte te ignoreer.

Hierdie verontagsaming van God het Saul uiteindelik duur te staan gekom. Hy is onttroon. God het besluit om eerder vir Dawid as koning te salf. Dit moes Saul baie ontstel het. Nie lank daarna nie het Dawid boonop die reus Goliat verslaan. Die volk het Dawid se enkele oorwinning meer besing as Saul se oorwinnings deur jare heen. "Saul het sy duisende verslaan, maar Dawid sy tienduisende!" het hulle gesing (1 Sam 18:7). Saul se gewildheid by God en mense het afgeneem.

Die Engelse spreekwoord waarsku nie verniet nie: "Jealousy makes you nasty." Saul het so nasty (jaloers en kwaad) geword dat hy besluit het om Dawid dood te maak. Ons ken die res van die verhaal. Saul is op die slagveld dood en Dawid het bly leef. God se hand van beskerming was oor Dawid en hy het uiteindelik vir Saul as koning opgevolg. Saul se verhaal waarsku ons teen onsself. Ook ons kan ons "ryk" vernietig wanneer ons weens afguns onregverdig optree teenoor ander en só God se guns in ons lewe verloor.

Leiers met integriteit is bekend vir hulle regverdige optrede teenoor alle mense. Goeie leiers motiveer die mense in hulle sorg om goeie werk te lewer deur hulle op te bou, aan hulle erkenning te gee en hulle billik te vergoed. Leiers sonder integriteit sal nie ander mense regverdig behandel nie. Hulle, soos Saul, trap maklik in die strik om hulle gesag te misbruik en hulle eie reëls te gebruik om oor mense in hulle sorg te regeer.

Hulle verwag gereeld die onmoontlike van ander, baie meer as wat hulle self bereid is om te gee. Hulle verskuif graag hulle verantwoordelikhede en lastige opdragte na ander wat reeds oorlaai is, asof daardie mense masjiene sonder behoeftes en emosies is. Hierdie leiers skroom nie om werktyd te gebruik om saam met vriende te kuier, gholf te speel of wegbreekvakansies te geniet nie, en dit terwyl ander hulle vir die maatskappy moet afsloof. Om mense só te behandel is onregverdig en niks anders as misbruik nie.

Leiers met integriteit sal nie hulle span finansieel uitbuit nie. Hulle sal hulle span beloon vir hulle bydrae tot die maatskappy se sukses en vooruitgang. Hulle deel graag komplimente uit. Hulle gebruik nie vrees nie, maar liefdevolle bemoediging en waardering om mense aan te moedig om hulle potensiaal te bereik.

Wanneer leiers sonder ophou kritiseer, takel hulle die selfbeeld en selfvertroue van ander af en trek as't ware 'n streep deur hulle waarde. En dit is niks anders as misbruik nie. Ongelukkig word hierdie euwel ook gevind in Christelike maatskappye waar geld en hebsug 'n groter rol as God speel.

Lees gerus weer Matteus 18:22-35 oor vergifnis, genade en regverdigheid. Jesus gebruik hierdie gelykenis om te verduidelik dat ons boekhouding en hoe ons mense hier op aarde behandel, deurslaggewend sal wees vir hoe die Vader ons eendag sal behandel wanneer ons in die hiernamaals voor Hom staan.

Ek het in my lewe hoofsaaklik as vryskutter gewerk. Tydens my tien jaar as mede-eienaar van Die Blou Hond, het ek my onverwags in die posisie van 'n werkgewer bevind. Dit was vir my 'n nuutjie om mense in my diens te hê, mense wat ek moes lei en leer.

My vaste beginsel was om hulle elkeen menswaardig en regverdig te behandel. Ek het geleer dat om mense vriendelik, ferm en met genade te behandel goeie werksverhoudings verseker. Ek het gekies om deur my voorbeeld te lei, eerder as om bevele uit te deel. Ek het ook saam met my span gewerk.

In die proses het ek besef mense in jou diens is nie jou slawe nie. As jy hulle genadeloos behandel en hulle harder en langer laat werk as wat vir hulle emosioneel en liggaamlik gesond is, misbruik jy hulle. Elke mens, van die topbestuur tot die skoonmaker, moet genoeg rus en ontspan, weg van die werkomgewing af, om hulle innerlike batterye te herlaai.

As Christen en humanis wou ek 'n aangename en vrolike atmosfeer by die werk skep. Ek het my personeel vryheid binne grense gegee sodat hulle as mense kon ont-wikkel. Ek was streng, maar regverdig. Soms het ek foute gemaak, maar ek het ook gesorg dat ek hulle gereeld bederf en wys dat ek hulle waardeer. Om 'n werkgewer te wees was vir my 'n geestelike leerskool. Ek het nederigheid en dankbaarheid daar in die kombuis geleer. En ek het be-sef: Moet nooit ander se harde werk as vanselfsprekend aanvaar nie.

Dalk misbruik jy nie die mense in jou diens nie, maar jy misbruik vriende of kennisse se goedheid. Baie mense vra gedurig dieselfde goeie Gawie vir gratis gunsies, dik-wels boonop skaamteloos. Hulle doen dit tot voordeel van hulleself, maar tot nadeel van goeie Gawie se tyd en ener-gie. Wanneer jy aanhoudend op ander steun om die wêreld vir jou geriefliker te maak, behoort die rooi ligte vir jou te flikker. Dan neem jy meer as wat jy gee. En dit is nie regverdig teenoor ander nie.

Mense wat ek glad nie ken nie, vra my gereeld vir gel-delike hulp. Of vreemdelinge nader my om hulle produkte (wat ek nie gebruik nie) op my sosialemediaplatforms te adverteer. Of om te stem vir hulle kind wat ek nog nooit eens ontmoet het nie. Of om 'n begaafde kind vinnig, en gratis, af te rig vir die eisteddfod. Of om 'n toespraak vir 'n debatkompetisie te skryf, sonder vergoeding. Daar is baie kansvatters daar buite, het ek geleer. Mense wat gereeld kyk waar hulle iets verniet kan score. Ek probeer altyd in my gees onderskei of 'n versoek my bruikbaar of misbruik laat voel. Daar is 'n groot verskil.

Ek sien myself as baie dinge, maar nie as iemand wat ander onregverdig behandel nie. My ma het ons vroeg al geleer om nie onnodige gunste en gawes van ander te vra nie. En as jy dit wel doen, gee jy altyd vir die persoon iets om dankie te sê. Dit was nog altyd my lewensingesteldheid om hard te werk sodat ek meer vir ander kan gee as wat ek van hulle neem.

As jy vrygewig is en altyd bereid is om te help, kan ander jou maklik misbruik en uitbuit. As jy boonop 'n people pleaser is en nie vaste grense stel nie, sal jy nog waaksamer moet wees. Mense wat ander mense misbruik het 'n neus vir people pleasers en weldoeners en sal hierdie eienskappe van jou uitbuit en jou onregverdig behandel.

Leer daarom om jouself lief te hê en jouself te beskerm as dit nodig is. Kyk of daar balans in jou lewe is tussen gee en neem. Maak tyd vir ander mense, maar maak ook tyd vir jouself.

Ek moes op my lewensreis leer om sterker grense te stel om te verhoed dat my goeie eienskappe misbruik en ek onregverdig behandel word. Mense met integriteit is nie pushovers nie. Hulle sê nie altyd ja vir alles nie. Hulle ontwikkel goeie onderskeidingsvermoë en bemeester die kuns om ook nee te sê, sonder om sleg te voel. En hulle stel met hulle lewe die voorbeeld van hoe om ander mense regverdig te behandel.

Hoe voel jy noudat jy gelees en nagedink het oor regverdigheid? Behandel jy ander mense regverdig? Behandel jy ook die omgewing regverdig? Klim ook 'n slag in die skoene van iemand wat vir jou werk. Voel hoe dit voel om vir jouself te werk. Dink jy jy tree regverdig op? Is dit lekker om vir jou te werk? Sou jy lojaal aan jouself bly?

Slypskool

Mediteer oor God se Woord
Dink diep na oor hierdie verse voordat jy die vraelys beantwoord.

Moet nooit iets wil hê wat aan 'n slegte mens behoort nie. Moet nooit soos hy word nie. 'n Mens

wat liefdeloos teenoor ander optree, is vir die Here
'n gruwel. Met die opregtes is Hy goed bevriend.

– SPREUKE 3:31-32

Vraelys

Gaan sit op 'n stil plek, alleen by die Here. Toets nou hoe
regverdig jy ander mense behandel deur die vraelys te beant-
woord. Antwoord elke vraag eerlik anders het die oefening
geen waarde nie. Jy hoef jou antwoorde met niemand te
deel nie.

Vra die Here om jou te help om die molshope van on-
regverdige optrede en selfs misbruik in jou optrede raak
te sien en jou te help om alle mense regverdig te behandel.

Regverdigheid

1. Dink jy jy is 'n regverdige mens? Hoekom sê jy so?
2. Voldoen jy aan God se standaarde vir regverdig-
   heid teenoor álle mense? Of volg jy verskillende
   standaarde vir verskillende mense? Met ander
   woorde, behandel jy jou familie en vriende anders as
   jou personeel of vreemdelinge?
3. Is jou verhoudings oor die algemeen vredevol of
   stormagtig?
4. Kan jy werklik luister na ander se probleme sonder
   om te oordeel?

5. Is jy bereid om ander mense se voorstelle te oorweeg, al klink dit vir jou vreemd?

6. Is jy 'n goeie spanspeler?

7. Delegeer jy graag, veral take waarvan jy nie hou nie?

8. Vra jy maklik gunste van ander? Vra jy dieselfde mense gereeld?

9. Sê jy ooit dankie as mense iets vir jou doen?

10. Sou jy jouself as 'n giver of 'n taker beskryf?

11. Dra jy eetgoed en/of drinkgoed by as jy na 'n partytjie genooi word, of eet en drink jy wat daar is?

12. As jy werknemers het, hoe behandel en vergoed jy hulle?

13. Watter soort leier is jy? Iemand wat ander aanmoedig en bemagtig, of vrees by hulle inboesem?

14. Dink jy sekere mense is benede jou? Hoekom? En hoe hanteer jy hulle?

15. Hoe praat jy met mense, ook vreemdelinge en mense van wie jy dalk nie hou nie?

16. Is jy vriendeliker met mense wat jou kan bevoordeel?

17. Is jy 'n boelie of 'n people pleaser? Of is jy goed gebalanseerd?

18. Trek jy sekere mense voor?

19. Het jy genade met mense wat foute maak? Indien nie, teenoor wie is jy meer ongenaakbaar?

20. Is jy jaloers op sekere mense? Hoe behandel jy hulle?

21. Is jy 'n pushover of 'n control freak? Of handhaaf jy 'n gesonde balans?
22. Hoe is jou verhouding met die natuur? Misbruik jy die aarde, of behandel jy God se skepping regverdig en versorgend?

Blinde mol

Watter blindekolle of molgedrag sien jy nou in jou lewe raak? Waar en wanneer het jy versuim om mense volgens God se maatstaf van regverdigheid te behandel?

....

....

....

....

....

....

....

....

Watter mense se goedheid het jy dalk misbruik of vir wie het jy nie regverdig behandel nie, maar tog het jy niks daaraan gedoen nie? Skryf ook neer of jy al misbruik gevoel het, of ervaar het dat jy nie regverdig behandel word nie.

Wyse uil

Wat kan jy doen om alle mense regverdig te behandel, ongeag wie hulle is? Hoe kan jy regverdigheid deel van jou karakter maak en dit met jou lewe integreer?

Om jou lewe, van binne en van buite, te omvorm om soos Jesus se lewe te lyk, vra 'n daaglikse diep en egte verbintenis met Hom. Hierdie verbintenis kan nie tot jou stiltetyd beperk word nie, maar moet elke faset van jou lewe raak en blywend wees om uiteindelik volkome in jou lewe geïntegreer te word. Wanneer jy 'n blywende verbintenis met Jesus het, sal jy altyd naby Hom bly en Hy sal jou bemagtig om te doen wat reg is. Só sal jy te alle tye en in alle omstandighede alle mense regverdig kan behandel.

Gebed om regverdigheid

Here, dankie dat U regverdig is. Ek bely dat ek nie altyd voldoen aan die standaard vir regverdigheid wat U vir my as u volgeling gestel het nie. Ek bely dat ek ver tekortskiet en dikwels mense se harde werk as vanselfsprekend aanvaar en hulle goedheid misbruik. Help my reg wanneer ek onregverdig optree. Help my om elke mens te erken as 'n skepsel en beelddraer van U en hulle onbevooroordeeld en regverdig te behandel. Ek bid dat U my, selfgerigte sondaar, genadig sal wees en my sal vergewe. Leer my elke dag om te doen wat reg is in u oë sodat ek in groter harmonie met U en ander mense kan leef. Tot eer van u Naam. Amen.

Jou praktiese opdrag vir transformasie en vernuwing

Skryf drie gewoontes neer wat jy in jou lewe wil vaslê om jou te help om soos 'n wyse uil te leef deur ander mense altyd regverdig te behandel en só meer van God se karakter te weerspieël.

6. Getrouheid

Die Here is altyd getrou. Hy sal julle geloof sterk maak. Hy sal julle ook teen die Bose se aanvalle beskerm … Julle onthou hoe ons opgetree het toe ons by julle was. Ons het vir julle die regte voorbeeld gestel wat julle kan navolg. Ons het nie op julle nek gelê en verwag dat julle die hele tyd vir ons kos en geld moes gee nie. Nee, ons het dag en nag met ons eie hande gewerk sodat ons nie 'n las vir julle sou wees nie. Natuurlik sou ons van julle kon verwag om vir ons te sorg. Maar ons het nie op ons regte aangedring nie. Nee, ons het besluit om julle te kom dien. Op hierdie manier het ons vir julle 'n voorbeeld gestel.

– 2 Tessalonisense 3:3, 7-9

Getrouheid is onmisbaar in ons samelewing. Sonder getrouheid verval die lewe in wanorde, wetteloosheid, losbandigheid, laksheid en luiheid. Om goed te kan funksioneer, moet mense op mekaar kan staatmaak. Hoe anders? Kan jy dink wat sou gebeur as almal se woord 'n skrapse moontlikheid eerder as 'n onverbreekbare belofte is?

Tog toon ál minder mense getrouheid as deel van hulle karakter. Terwyl ek hier skryf, wag ek weereens en nog steeds op 'n paar mense om hulle beloftes, wat hulle met oortuiging aan my gemaak het, na te kom. In plaas daarvan om met my te praat daaroor, kruip hulle onder die grond in en vermy my.

So what is new? Getrouheid het om die een of ander rede uit die mode geraak. Dit is duidelik nie meer nodig om 'n staatmakermens te wees nie. Selfs nie as jy 'n uitgesproke Christen is nie.

Die Hebreeuse woord vir getrouheid word afgelei van die werkwoord wat "vas wees" beteken. Dit hou ook verband met die bekende woord *amen,* wat beteken "dit staan vas, dit is waar, dit is seker".

Mense met integriteit het die goue eienskap van getrouheid as 'n vaste waarde in hulle lewe vasgelê en leef dit in alle omstandighede uit. Hulle is altyd en oral getrou aan hierdie lewensbeginsel. Hulle is betroubaar in die alledaagse dinge van die lewe, soos om op te staan wanneer die wekker lui, hulle rekeninge elke maand getrou te betaal en beloftes na te kom.

Getrouheid is 'n wonderlike eienskap om vir ander aan te bied, wat jou verhouding met hulle ook al is. Iemand wat getrou is, is 'n seldsame juweel waarop jy altyd kan reken, sonder om enigsins te twyfel. Dink maar aan wie jy sal bel wanneer jy met 'n pap band langs die snelweg staan of 'n ander krisis beleef. Jy sal jou foon optel en scroll na daardie getroue staatmakers se name, nie na iemand wat jou dálk sal help nie.

Indien jy so iemand ken, hou vas aan hom of haar. So iemand is goud werd en 'n groot aanwins vir enige maatskappy. Hulle is altyd eerlik en 100% betroubaar. Hulle kom hulle beloftes en verpligtinge stiptelik na. Hulle laat jou met 'n gevoel van standvastigheid, sekerheid en vrede wanneer jy saam met hulle werk of ontspan. Hulle ontwrig nie ander se lewe nie, maar help om ander se paaie gelyk te maak.

Getrouheid verg dikwels ook dapperheid om vas te bly staan by jou beginsels, selfs al staan jy alleen. Min mense het hierdie ingebore onverskrokke dapperheid om op te staan vir wat reg is. Om getrou te wees aan jouself, ander mense en aan beginselsake, vra dat jy jou geestelike wortels in diep en vrugbare grond sal anker. God is getrou. God se Woord staan vas. God is ten nouste betrokke by dié wat na aan Hom leef. En Hy bly by jou betrokke, ook wanneer jy voor 'n menigte vyande te staan kom. Dink maar net hoe God vir Dawid gehelp het toe hy in 'n situasie was wat gelyk het of dit Dawid se einde sou beteken. Dawid was egter getrou aan God. Sy oë was op Hom gevestig vir hulp, nie op mense nie. God het Dawid met dapperheid toegerus, en met die Here se bystand het Dawid die reus Goliat verslaan.

Ek het 'n bietjie selfondersoek gedoen om vas te stel hoe getrou ek oor jare heen was. Ek was 'n skrikkerige, skaam maar dapper kind. Ek was pligsgetrou met my skoolwerk en goed in sport. Ek was (redelik) soet. Ek kon van jongs af myself dissiplineer en die nodige werk insit om my doelwitte te bereik, sonder dat iemand oor my skouer hoef te loer.

Ten spyte van my vrese en teruggetrokkenheid, het ek openlik opgestaan vir dit waarin ek geglo het. Soos die keer in graad 8 toe ek geweier het dat 'n onderwyser my skoolrok oplig, voor almal, ook die seuns, om my te slaan. Dit het omtrent 'n stir veroorsaak. Ek is kantoor toe gestuur vir my astrantheid. Maar uiteindelik is lyfstraf vir meisies by daardie skool verbied.

Vandag is dapperheid en getrouheid steeds twee van my karaktereienskappe wat vir my groot wins inhou. Dit stel my as alleenloper in staat om die wa deur die drif te trek. Ek is dankbaar daarvoor, want anders sou ek nooit al die ver paaie en vreemde mense kon aandurf wanneer ek as spreker na funksies genooi word nie. Ek sou ook nooit een boek kon voltooi sonder dapperheid en getrouheid as innerlike waghonde nie.

Voordat jy dink ek verdien 'n stralekrans, moet ek bieg dat daar ook 'n lang en donker tyd in my lewe was toe hierdie eienskappe nie deel van my waardestelsel was nie. Ek het baie klasse op universiteit gebunk, nie geleer vir toetse nie, verskillende diëte begin en gelos, boeke begin skryf, maar nooit klaargemaak nie, afsprake op die nippertjie gekanselleer, vriendskappe verwaarloos ...

Ek was allesbehalwe 'n staatmaker. Ek was 'n emosionele klimtol en so onvoorspelbaar soos die weer. Soms was ek opgewonde en ekstaties, maar grotendeels morbied en behep met myself en my ongelukkigheid. Ek kon altyd 'n rede kry om tou op te gooi. Altyd iets of iemand kry om te blameer. Ek het geen deursettingsvermoë gehad nie. Om moed op te gee was deel van my karakter.

Totdat ek verantwoordelikheid vir my lewe begin aanvaar het. Totdat ek 'n betroubare en standvastige karakter begin bou het.

Ware en blywende transformasie het (geleidelik) gebeur terwyl ek die Here beter leer ken het. Daar was nie vir my 'n kortpad of 'n kitsresep nie. Namate my persoonlike verhouding met Hom verdiep het, het ek wel veranderinge in my optrede begin merk. Dit was asof die donker stadion se ligte een vir een aangegaan het. Daar was 'n nuwe begeerte in my om ál meer soos Jesus te lyk deur sy goue karaktereienskappe in my vas te lê en uit te leef. Ek het gekies om baie van my afbrekende instinktiewe reaksies vir deurdagte optrede te verruil. God is getrou. Hy het vir my gewag tydens my blindemol-jare, totdat ek by sy karakter-slypskool kom aanmeld het.

Vandag is getrouheid diep in my geanker. Jy kan op my reken. Wat ek sê, sal ek doen en nie daarvan vergeet nie. My woord is my eer. Ek maak dinge klaar. Ek daag op, tensy iets baie buitengewoon my verhoed. Soos die keer toe my paspoort verval het.

My klimtol-persoonlikheid is weg. Ek geniet dit om standvastig en getrou te wees – teenoor kollegas, vriende, familie en myself. Wanneer ek in mense belê, is dit 'n diep verbintenis, nie net omdat ek hulle nodig het nie. Dit kos baie om my getrouheid en lojaliteit te laat verdwyn en 'n vriendskap of werkverhouding te beëindig. Die kere wat ek dit moes doen, het seergemaak. Maar my dapperheid het my daardeur gedra. My dapperheid help my ook om elke dag getrou te wees aan my beginsels en waardes, en aan die waarde wat my Skepper aan my heg.

God wil al sy kinders na sy beeld vernuwe sodat ons elkeen wat bely dat ons volgelinge van Jesus is Hom nie net met lippetaal sal dien nie, maar elke dag waarlik getrou, betroubaar, lojaal en standvastig sal leef.

Ons Skepper-Pa wil jou ook toerus met 'n gesonde porsie dapperheid sodat jy sal opstaan vir wat reg is en sal wegstap van wat verkeerd is. Selfs al doen jy dit sonder 'n paar betroubare vriende aan jou sy. Selfs al word jy geïsoleer of geïntimideer. Selfs al is die meerderheid rondom jou ontrou, onbetroubaar, lui of korrup. Moenie ingee en jou standaarde verlaag onder groepsdruk nie. Bly getrou aan die karaktereienskappe wat Jesus in jou sigbaar maak. Dan sal jy saans rustig kan slaap en eendag met 'n skoon gewete voor jou getroue Skepper-Pa kan staan.

Weet ook dat God jou nooit alleen laat wanneer jy naby aan Hom leef en aan sy voorskrifte getrou is nie. Put inspirasie uit sy Woord. Daar is soveel voorbeelde in die Bybel van getroue mense wat na aan God geleef en sy seën geniet het. Sy Woord staan vir ewig vas. Glo dit. God is altyd by jou, selfs wanneer dit nie so voel nie. Leer uit Jesus se voorbeeld van menswees, kyk hoe Hy mense en moeilike situasies hanteer het sonder om sy beginsels prys te gee. Jesus was tot aan die kruis getrou aan sy Vader en het nie gevou onder druk of versoekings nie. Hy was dapper. Volg sy voorbeeld. Dan sal jy iemand met integriteit wees.

Hoe voel jy noudat jy gelees en nagedink het oor ge-trouheid? Sou jy sê jy is getrou? Is jy dalk in sekere fasette van jou lewe getrouer as in ander? Kom jy jou beloftes na? Of waai jy en jou beloftes soms saam met die wind, of saam met jou buie en omstandighede, weg?

Slypskool

Mediteer oor God se Woord

Dink diep na oor hierdie verse voordat jy die vraelys be-antwoord.

Watter soort werker sal 'n voorman van 'n fabriek gewoonlik die graagste oor die ander wil aanstel? Dit is die persoon wat hard werk, of die voorman daar is om dit te sien of nie. Hy weet wat om te doen en doen dit. So 'n werker sal goed beloon word. Uit-eindelik sal hy oor die hele fabriek aangestel word.

– MATTEUS 24:45-47

Vraelys

Gaan sit op 'n stil plek, alleen by die Here. Toets nou hoe getrou jy is deur die vraelys te beantwoord. Antwoord elke vraag eerlik anders het die oefening geen waarde nie. Jy hoef jou antwoorde met niemand te deel nie.

Vra die Here om jou te help om die molshope van on-trouheid in jou optrede raak te sien en jou te help om te alle tye soos 'n wyse uil getrou te bly aan Hom, aan jouself en aan ander mense.

Getrouheid

1. Is jy getrou in jou eie oë? Hoekom sê jy so?

2. Is jy getrou in ander se oë? Hoekom sê jy so?

3. Is jy getrou in God se oë? Hoekom sê jy so?

4. Hoe gereeld kanselleer jy 'n afspraak sonder rede?

5. Hoe gereeld is jy laat vir 'n afspraak?

6. Hoe gereeld kom jy nie jou voornemens na nie?

7. Glo jy jou eie woord?

8. Dink jy ander glo jou en kan op jou woord vertrou?

9. Dink jy God glo wat jy sê?

10. Hoe werk jy wanneer jou spanleier of afdelingshoof nie oor jou skouer loer nie?

11. Maak jy take en projekte klaar, of los jy dit half en begin eerder met iets nuuts?

12. Kan jy vertrou word met iemand anders se kredietkaart?

13. Kan jy as toesighouer vertrou word met 'n oop kasregister, kroeg of koskas?

14. Kan jy vertrou word om iemand se huis, diere en plante mooi op te pas?

15. Is jy hulpvaardig wanneer iemand 'n krisis het en jou bel om te kom help?

16. Sal jy 'n uitnodiging wat jy reeds aanvaar het, kanselleer om eerder 'n lekkerder een te aanvaar?

17. Sal jy maklik 'n werksaanbod wat jy aanvaar het, verruil vir 'n posisie met 'n hoër salaris?

18. Versuim jy dikwels om op te daag by werksfunksies waartoe jy jou verbind het?

19. Versuim jy om e-posse en ander boodskappe te beantwoord?

20. Vat jy maklik kortpaaie en rammel jou werk af?

21. Hoe belangrik is die gehalte van jou eindproduk vir jou?

22. In watter kategorie pas jy: Fluks en hardwerkend, gemiddeld of lui?

23. Hoe vaar jy met selfdissipline? Kan jy volhou met iets soos 'n dieet, 'n oefenprogram of 'n nuwe vaardigheid wat jy wil aanleer?

24. Hoe dapper is jy? Kan jy opstaan vir 'n beginselsaak, al is jy in die minderheid?

25. Beskou jy jouself as 'n staatmakervriendin en -kollega?

26. Staan jy jou vriende by wanneer hulle deur beproewings gaan, of vermy jy hulle eerder?

27. Dink jy mense sal jou ná jou dood onthou as iemand wat getrou en betroubaar was, iemand op wie ander altyd kon staatmaak?

Blinde mol

Watter blindekolle of molgedrag sien jy nou in jou lewe raak? Wanneer en waar het jy mense ontwrig omdat jy nie betroubaar was nie of nie konsekwent opgetree het nie?

....

....

In watter fasette van jou lewe is jy nie volkome betroubaar nie? Wanneer is dit vir jou moeilik om konsekwent op te tree en laat jy mense in die steek?

Wyse uil

Wat kan jy doen om altyd getrou en betroubaar te wees? Hoe kan jy getrouheid deel van jou karakter maak en dit met jou lewe integreer?

_____

_____

_____

_____

_____

_____

_____

_____

_____

_____

Om jou lewe, van binne en van buite, te omvorm om soos Jesus se lewe te lyk, vra 'n daaglikse diep en egte verbintenis met Hom. Hierdie verbintenis kan nie tot jou stiltetyd beperk word nie, maar moet elke faset van jou lewe raak en blywend wees om uiteindelik volkome in jou lewe geïntegreer te word. Wanneer jy 'n blywende verbintenis met Jesus het, sal jy altyd naby Hom bly en Hy sal jou bemagtig om te doen wat reg is. Só sal jy 'n betroubare en standvastige mens word, iemand op wie ander altyd kan reken.

Gebed om getrouheid

Here, dankie dat U altyd betroubaar en standvastig is. Ek bely dat ek nie altyd voldoen aan hierdie suiwer standaard van getrouheid wat U vir my as u volgeling voorskryf nie. Ek bely dat ek dikwels tekortskiet en ander mense en myself in die steek laat. Help my reg waar ek ontrou is en ander ontwrig. Help my om elke mens as u beelddraer te erken en getrou te bly aan die beloftes wat ek aan hulle maak. Ek bid dat U my, wankelrige sondaar, genadig sal wees en my sal vergewe. Leer my om versoekings en vrese te oorkom en elke dag getrou te wees aan U. Want slegs dan sal ek getrou kan wees in elke ander faset van my lewe. Tot eer van u Naam. Amen.

Jou praktiese opdrag vir transformasie en vernuwing

Skryf drie gewoontes neer wat jy in jou lewe wil vaslê om jou te help om soos 'n wyse uil te leef deur altyd betroubaar te wees, jou beloftes na te kom en dapper by jou oortuigings te bly staan.

....

....

....

....

....

....

....

....

....

....

....

....

....

....

7. Deernis

Jesus het by al die dorpies en klein plekkies langs
gegaan. By hulle byeenkomste het Hy lank met die
mense gesels oor hoe hulle die Joodse Bybel moes
verstaan. Hy het veral vir hulle die goeie nuus van
God se nuwe wêreld vertel. Met Jesus se koms kon
die mense ook al hoe meer agterkom hoe God se
nuwe wêreld lyk. Daarom het Hy mense met aller-
hande siektes en kwale gesond gemaak. Jesus het na
al hierdie mense om Hom gekyk. Hulle het vir Hom
gelyk soos skape wat sonder 'n herder ronddwaal.
Dit was of hulle nie meer krag oorgehad het om aan
te gaan nie en sommer net daar wou bly lê. Daarom
wou Jesus hulle regtig graag help.

– Matteus 9:35-36

Deernis is 'n menslike eienskap wat deel vorm van die
goue karakter van iemand met integriteit. Deernis kan ook
medelye genoem word; dit wil sê, mede (saam) + ly (swaar-
kry). Dit is 'n kombinasie van empatie (opregte meegevoel)
en begrip en insig in ander se lyding. Iemand met medelye

het die vermoë om in ander se skoene te gaan staan en só te reageer dat hulle 'n positiewe verskil in hierdie mense se lewe maak.

Deernis bring ook 'n rits ander goue eienskappe in ons na vore, soos goedhartigheid, hulpvaardigheid en liefdadigheid, asook 'n nuwe dankbaarheid vir wat ons self het en die (beter) omstandighede waarin ons ons bevind. Danksy mense met deernis kan geregtigheid geskied en is daar instellings wat hulp verleen aan mense sonder heenkome. Mense met deernis is die dryfkrag agter bewegings wat sorg vir die beskerming en gelykheid van alle mense, ongeag ras, kultuur, sosiale stand en seksuele oriëntering.

Deernis is 'n Christelike eienskap. Die Bybelse betekenis van medelye is afgelei van die Hebreeuse term *ra konfyt*, wat dui op barmhartigheid aan ander. Hierdie eienskap sien ons egter ook by mense wat nie Christene is nie. Vir Boeddhiste, byvoorbeeld, is deernis die kern van hulle geestelike lewe. Dit dui op die deernisvolle empatie waarmee hulle alle mense behandel omdat ons almal gelyk is en die een of ander tyd swaar kry.

Al is deernis 'n Christelike waarde, het nie alle Christene vanselfsprekend hierdie eienskap nie. Deernis kan nie aangeleer word nie; dit het sy oorsprong in die mens se hart. Om deernis met ander te kan hê, vra dat jou hart sag en onselfsugtig sal wees. Mense wat medelye kan betoon, het die vermoë om emosioneel een te voel met ander se lyding en die begeerte het om hulle lyding te verlig. Deernis, daardie diep empatiese meelewing, is die brandstof wat jou uit jou gemakstoel laat opstaan om daadwerklik iets te gaan doen vir die een wat ly.

Ons moet empatie nie met simpatie verwar nie. Simpatie is om raak te sien dat iemand swaar kry, maar beteken nie noodwendig ons deel in daardie swaar kry en raak betrokke nie. Mense wat simpatie betoon, behou 'n emosionele afstand. Hulle sal eerder net oorbekende boodskappe, soos "baie sterkte", met 'n WhatsApp stuur as om persoonlik betrokke te raak deur te help en emosionele ondersteuning te gee. Deernis is die diepste vlak van empatie. Iemand wat empatie het, het ook die opregte begeerte om die een wat swaar kry te help, en doen dit dan ook.

Jesus was 'n deernisvolle Mens. Daar is talle voorbeelde in die Nuwe Testament waar Jesus betrokke raak by mense se swaarkry – die vrou wat aan bloedvloeiing gely het, die vrou by die put, die weduwee wie se seun gesterf het, die tollenaar, die melaatse mense, die siek, honger, dowe en blinde mense. Jesus het 'n hegte vriendskap gevorm met Maria, Marta en hulle broer, Lasarus. Toe Hy hoor dat Lasarus gesterf het, het Jesus gehuil. Sy medelye het Hom beweeg om hulle te help. Hy het Lasarus uit die dood opgewek (Joh 11:32-44).

Jesus was ook betrokke by mense se blydskap en fees-
vierings. By 'n bruilof het Hy water in wyn verander om die
bruidegom 'n groot verleentheid te help vermy. Jesus was
sensitief vir ander se behoeftes en nood. Hy het aandag
gegee aan die kleinste besonderhede wat ander gelukkig
en ongelukkig gemaak het.

Jesus het nie net die lewende Woord aan mense verkon-
dig nie; Hy het ook honger mae met vis en brood gevul.
Jesus was 'n meelewende mens-mens. Hy het mense wat
ly, opreg jammer gekry en tyd gemaak om na hulle stories
te luister en hulle prakties te help. Jesus was emosioneel
betrokke by mense. Hy het nie net op 'n afstand simpatieke
geluide gemaak en aangestap sonder om te help nie.

Die gebeure die aand voor Jesus se kruisdood demon-
streer die verskil tussen simpatie en deernis so goed. Lees
gerus Matteus 26:36-40.

Terwyl Jesus in die tuin van Getsemane gebid het,
het Hy doodsbenoud geraak. Hy het sy dissipels gevra om
saam met Hom te waak. Maar elke keer wanneer Jesus
teruggegaan het na hulle toe, het Hy hulle aan die slaap
gekry. Die dissipels het simpatie met Jesus se situasie ge-
had; hulle het sy lyding raakgesien. Maar hulle het nie ten
diepste betrokke geraak by sy swaarkry deur saam met
Hom te waak en te bid in sy uur van nood nie. Die Man
van genade wat soveel deernis aan ander betoon het, is

voor sy kruisdood alleen gelaat, sonder enige emosionele en geestelike bystand. Ek wil sommer huil as ek hierdie gedeelte lees.

Die Covid-19-pandemie het opnuut 'n duidelike skeidslyn getrek tussen mense wat betrokke raak by ander se lyding en dié wat hulle distansieer. 'n Hele paar vroue het stil-stil, sonder 'n groot bohaai, besluit om my te help in hierdie tyd toe ek sonder inkomste was. Sonder dat ek gevra of gekla het, was hulle harte gevul met medelye oor my situasie. Hulle het nie net simpatie betoon nie, maar het deernis aan my betoon deur my situasie ligter te maak.

Wanneer jy betrokke is by ander se lewe, reik jy op 'n persoonlike manier na hulle uit, nie uit plig nie, maar omdat jou hart werklik gevul is met Jesus se deernis.

Natuurlik is daar kansvatters wat deernisvolle mense se sagte harte sal misbruik. Ek self is al talle kere inge-loop deur mense wat hulle as hulpbehoewend voorgedoen het. Al buit mense soms jou deernis uit, mag dit jou nie daarvan weerhou om goed te doen en uit te reik nie. Laat hierdie Jesus-eienskap opnuut in jou hart ontkiem. Begin klein. Kies een of twee mense in jou kring wat swaar kry en check gereeld by hulle in om te hoor hoe jy kan help. Jy hoef nie jou bankrekening leeg te trek om medelye te betoon nie. Persoonlike belangstelling, 'n uitnodiging na 'n ete of 'n bietjie bemoediging is dikwels al ligstraal wat mense wat swaar kry nodig het om hulle uit die donker op te lig. Bel hulle of stuur 'n teksboodskap. Vra: "Hoe gaan dit met jou? Is jy oukei? Hoe kan ek help?" Ons kan nie almal help nie, maar ons kan een mens op 'n slag help.

Ek was eenkeer by 'n diens waar die prediker vertel het dat so baie mense selfdood oorweeg of pleeg weens die gebrek aan diep bande met ander. "Wanneer niemand vir jou omgee nie, raak jou lewe waardeloos." Hierdie woorde het 'n groot impak op my as geskeide vrou gehad. Ek kon my dadelik met die gevoel van verlatenheid vereenselwig. Sedertdien maak ek 'n punt daarvan om na mense uit te reik wanneer hulle 'n verlies ervaar of deur 'n krisis gaan.

Maak jou hart oop. Bring tyd saam met ander deur. Gaan eet saam met die armes, gaan besoek die siekes in hospitale, gaan kuier by die eensame bejaardes in tehuise en reël partytjies vir kinders in kinderhuise. Besoek die weduwees, geskeides, verstotelinge, eensames, geïsoleerdes, melaatses …

Gaan sit by 'n stukkende mens, soos Jesus gedoen het. Luister met jou volle aandag en sonder 'n tikkende voet na 'n gebroke mens se storie. Gaan woon en werk tussen mense wat ly. Leer hulle leed en hulle swaarkry ken. As jy genoeg tyd saam met hierdie mense deurbring, sal jy nie onaangeraak terugkeer nie. Jy sal genadige deernis ontwikkel.

En dit is wat Jesus ons geleer het.

Die meeste van ons, ook ek, ontwikkel deernis deur die lewe se pynlike slypproses. Byna soos 'n oester wat deur die irritasie van 'n sandkorrel uiteindelik 'n pêrel kweek. Ek het eers werklik deernis met ander gekry nadat die lewe my 'n paar kishoue toegedien het. Toe het ek met 'n ander gesindheid in my hart na ander se lyding begin kyk. Hierdie woorde van Elizabeth Kübler-Ross inspireer my gereeld tot deernis:

The most beautiful people we have known are those who have known defeat, known suffering, known struggle, known loss and have found their way out of the depth. These persons have an appreciation, a sensitivity and an understanding of life that fill them with compassion, gentleness and a deep loving concern. Beautiful people do not just happen.

Bethany Harrison, die wêreldbekende branderplankryer, is vir my 'n goeie voorbeeld van 'n "beautiful" mens. Nadat 'n haai haar arm afgebyt het, het baie mense medelye met haar betoon en dit betreur dat sy nooit weer sou kon branderplank ry nie. Bethany het egter nie in sak en as bly sit nie. Sy het opgestaan en van vooraf begin oefen. Met net een arm het sy daarin geslaag om een van die beste branderplankryers ter wêreld te word. Vandag is sy 'n rol-model vir baie mense wat trauma beleef. Haar mooiste eienskap vir my is dat sy deurgaans erkenning gee aan God se genade en mense met deernis. Dít het haar gehelp om 'n nuwe hoofstuk van haar lewe aan te pak en vanuit die donker laagtes terug te gaan na die lig.

Mense soos Bethany is nooit so behep met hulle eie ellende dat hulle ander se lyding miskyk of ignoreer nie. Selfs in hulle eie moeilike seisoene het hulle 'n tenk vol deernis wat hulle aan ander uitdeel. Ek glo hierdie mense verdien goue medaljes. Vir medelye en die vermoë om terug te bons nadat die lewe hulle omgeklits het. Hulle bemagtig ander om hulle volle potensiaal te bereik en onafhanklik te leef.

Hierdie mense se nalatenskap strek wyd. Hulle weldade sal onthou word lank ná hulle dood. Ek is bevoorreg om 'n paar sulke vroue te ken, vroue wat na mekaar uitreik en mekaar ophelp. Vroue wat betrokke is by mekaar in hulle uur van nood.

Hoe voel jy noudat jy gelees en nagedink het oor deernis? Sou jy sê jy het deernis met ander in hulle swaarkry? Of simpatiseer jy net?

Slypskool

Mediteer oor God se Woord

Dink diep na oor hierdie vers voordat jy die vraelys be-
antwoord.

> Wie goed is vir die arme [en dié wat ly], maak eintlik
> 'n lening aan die Here. Op sy eie tyd en manier sal
> Hy hierdie goeie daad beloon.
>
> – SPREUKE 19:17

Vraelys

Gaan sit op 'n stil plek, alleen by die Here. Toets nou hoe jy
vaar met deernis teenoor ander deur die vraelys te beant-
woord. Antwoord elke vraag eerlik anders het die oefening
geen waarde nie. Jy hoef jou antwoorde met niemand te
deel nie.

Vra die Here om jou te help om die molshope van
onbetrokkenheid en afgestomptheid in jou optrede raak
te sien en jou te help om soos 'n wyse uil opregte deernis
te hê met mense wat swaar kry en hulle prakties te help
en te bemoedig.

Deernis

1. Wat is jou reaksie wanneer 'n geliefde vriendin
   of familielid deur 'n besonder moeilike tyd gaan?

Simpatiseer jy en erken hulle tragiese situasie, maar raak nie persoonlik betrokke nie? Voel jy geweldig ontsteld, maar dit beweeg jou nie om hulle te help en te ondersteun nie? Of gaan staan jy in hulle skoene en voel een met hulle lyding?

2. Wat doen jy wanneer iemand wat jy nie so goed ken nie deur 'n tyd van lyding gaan? Dink jy aan hulle, maar doen niks nie? Simpatiseer jy met 'n generiese teksboodskap? Doen jy 'n skietgebed vir hulle? Reik jy uit na hulle en soek na maniere om prakties te help?

3. Hoe voel jy oor die armes in ons land? Raak dit jou nie? Of raak dit jou, maar nie genoeg om jou tot aksie aan te spoor nie? Of raak dit jou so diep en maak dit jou so dankbaar vir die genade in jou lewe dat jy hulle ellende help verlig?

4. Toets ook jou deernis teenoor hierdie groepe mense. Watter groep beweeg jou om persoonlik betrokke te raak en te help? Eensames in tehuise vir bejaardes, weeskinders, enkelma's, mishandelde vroue en kinders, siek mense, kankerpasiënte, haweloses, verslaafdes, depressiewe mense, en mense wat verlies of trauma ervaar.

5. Was jy al by 'n liefdadigheidsprojek betrokke? Watter een? Hoe het dit jou laat voel om te weet jy maak 'n verskil?

6. Vra jy vir mense wat swaar kry hoe dit met hulle gaan, of nie juis nie? Luister jy aandagtig terwyl hulle jou antwoord? Doen jy iets om te help?

7. Sou jy sê jy is 'n goeie vriend, een wat ook daar is vir jou vriende in tye van nood? Hoekom sê jy so?

8. Hoe verknog is jy aan jou eie gemak en gerief? Is jy bereid om moeite te doen vir ander, om self ongemak te verduur om ander te help?

9. Hoe verknog is jy aan jou geld en goed? Te verknog om barmhartigheid te bewys? Of gee jy graag en maklik?

10. Hoe verknog is jy aan jou tyd en energie? Hou jy alles vir jouself, of deel jy dit graag met ander wat jou nodig het?

11. Sou jy sê jy het meer deernis met die mense wat soos jy is en dink en leef, of het jy ewe veel deernis met alle mense?

12. Met wie het jy min medelye? Waarom?

13. Is jy daarvan bewus dat alle mense die een of ander tyd swaar kry? Indien wel, wat maak hierdie bewustheid in jou wakker?

14. Dink aan 'n keer of wat toe jy bewustelik iemand gehelp en 'n verskil in sy of haar lewe gemaak het. Wat het jy gedoen? Hoe het dit die persoon laat voel? Hoe het dit jou laat voel?

Blinde mol

Watter blindekolle of molgedrag sien jy nou in jou lewe raak? Wanneer en waar het jy nie deernis gehad met mense in nood nie? Wanneer het jy versuim om mense wat swaar kry prakties te help?

....

....

....

....

....

....

....

....

....

By watter mense in jou onmiddellike omgewing wat swaar kry, het jy nog nooit betrokke geraak om só hulle lyding te help verlig nie?

....

....

....

....

....

....

....

....

....

....

....

....

Wyse uil

Wat kan jy doen om meer deernis met ander se swaarkry te
hê en toe te laat dat dit jou aanspoor om prakties betrokke
te raak en te help? Hoe kan jy deernis deel van jou karakter
maak en dit met jou lewe integreer?

....

....

....

....

....

....

....

....

....

....

....

Om jou lewe, van binne en van buite, te omvorm om soos
Jesus se lewe te lyk, vra 'n daaglikse diep en egte verbin-
tenis met Hom. Hierdie verbintenis kan nie tot jou stilte-
tyd beperk word nie, maar moet elke faset van jou lewe
raak en blywend wees om uiteindelik volkome in jou lewe
geïntegreer te word. Wanneer jy 'n blywende verbintenis
met Jesus het, sal jy altyd naby Hom bly en Hy sal jou
bemagtig om te doen wat reg is. Dan sal jy sy voorbeeld
kan navolg en 'n deernisvolle mens word wat die lewe vir
ander ligter en sagter maak.

Gebed om deernis

Here, ek bely dat ek nie genoeg deernis met ander se swaar-
kry en seerkry het nie. Ek bely dat ek dikwels doelbewus
wegkyk en mense wat ek kon gehelp het gerieflikheidshalwe
ignoreer. Ek bely dat my hart dikwels toe en hard is en ek
daarom nie uireik nie. Here, help my om nuut te kyk en
nuut te reageer waar ek ellende sien. Bemagtig my met 'n
gewillige hart en gewillige hande om ander te ondersteun

en te help. Ek bid dat U my, selfsugtige sondaar, genadig sal wees en my sal vergewe. Raak my hart aan, Here, en breek die harde mure af. Help my om elke dag dankbaar te wees vir my seëninge en om met meer deernis op te tree teenoor elke stukkende mens op my pad. Tot eer van u Naam. Amen.

Jou praktiese opdrag vir transformasie en vernuwing

Skryf drie gewoontes neer wat jy in jou lewe wil vaslê om jou te help om soos 'n wyse uil te leef deur altyd deernis met mense te hê en te help waar jy kan.

8. Nederigheid

Moet niks uit selfsug of eersug doen nie, maar in nederigheid moet die een die ander hoër ag as homself. Julle moenie net elkeen aan sy eie belange dink nie, maar ook aan dié van ander. Dieselfde gesindheid moet in julle wees wat daar ook in Christus Jesus was.

— FILIPPENSE 2:3-5

Een eienskap van Jesus wat altyd in sy lewe op aarde sigbaar was, is nederigheid. Dalk dink jy nederigheid is a walk in the park. Maar lees eers verder voordat jy hierdie karaktereienskap met 'n vinnige regmerkie afmerk.

Baie van ons glo ons is nederig terwyl ons nie regtig is nie. Ons dink ons is nederig omdat ons 'n bedelaar groet en R5 in die hand stop. Ons dink ons is nederig omdat ons ander mense regverdig behandel. Ons dink ons is nederig omdat ons verdraagsaam is teenoor mense van ander rasse en kulture en inkomstegroepe, al kners ons soms op ons tande ...

Maar nederigheid is meer as dit. Om werklik nede-
rig te wees vra dat jy nie meer van jouself sal dink as wat
jy moet nie. Alle mense is gelyk in ons Skepper-Pa se oë
en het ewe veel waarde. Mense sukkel egter met hierdie
gelyke waardestelsel. Ons gee graag punte aan ander vol-
gens die waarde wat ons aan hulle heg. Maar almal se lewe
verdien om gevier te word. Kyk gerus weer hoe Jesus die
sogenaamde nobodies van die samelewing behandel het.
Hy het elke mens as 'n beelddraer van sy Vader beskou,
wat sy aandag en liefde en genade verdien het.

Ongelukkig is daar baie mense wat die vals boodskap
glo dat hulle belangriker as ander is en daarom vanself-
sprekend beter behandel moet word. Wanneer nederigheid
nie deel van jou karakter vorm nie, loop jy gevaar om in
die slaggat te trap om ander as jou mindere te beskou en
hulle soos tweederangse mense te behandel. In my beskeie
opinie is daar slegs een pad vir jou wanneer jy jouself op
so 'n verhewe troon plaas, en dit is die pad ondertoe, terug
aarde toe, daar waar alle mense gelyk is in God se oë.

Die Griekse woorde vir nederigheid is *tapeinos* en
prautes. Volgens Paulus is nederigheid 'n vrug (eind-
produk) van God se werk in jou lewe (Gal 5:22-23). Ek het
gaan oplees oor die woord *tapeinos* en op die volgende ver-
duideliking afgekom: "The word *tapeinos* in Greek means
'humble', and *horos* is the Greek word for 'dance' ... It is a
woman's dance, with simple and slow steps. It is the first

dance done after the wedding ceremony, led by the bride." Wat 'n lieflike beeld van nederigheid. Ek glo dat ons as die bruid van Christus veronderstel is om hierdie dans in die lewe te dans. Die dans van beskeidenheid en diensbaarheid en nederigheid.

Prautus, weer, beteken "mildness of disposition, gentleness of spirit, meekness, consideration, gentleness, humility". Daar is ook 'n belangrike verskil tussen "meekness" en "humility": "Meekness is a quality that a person displays towards others, but humility is something that one displays to one's self."

Volgens die Bybel begin nederigheid by 'n ware verstaan van wie God is. As ons verstaan wie God is en dat Hy almagtig is, verstaan ons eers werklik wie ons is en wie ander is. Wanneer jy God as die Almagtige erken en aanvaar, skop nederigheid vanself in.

Iemand wat nederig is, aanvaar sukses met 'n dankbare hart, maar roem nie gedurig luidkeels daaroor nie. Dit is vir my mooi wanneer suksesvolle en bekende mense nederig bly en selfs nog nederiger word namate hulle sukses toeneem. Hierdie mense verstaan wie God is en waar hulle en ander mense in sy groter skema inpas.

Dalk het jy hard gewerk om te kom waar jy vandag is. Daar is niks verkeerd met harde werk nie. Ek self werk hard, maar dit beteken nie ek is beter as ander mense nie. Ek doen my deel en glo my Skepper-Pa sal my harde

163

en getroue werk seën. Maar nie een van ons kan so ver-
waand raak en spog dat ons self-made is nie. Ons het God
se lewensasem, sy krag en genade, nodig om te slaag in
hierdie lewe. Sonder Hom is ons tot niks in staat nie.

Eers toe ek besef het wie God is en dat dit sy helpende
hand is wat aan my sukses besorg, het my verwaandheid
verdwyn en het ek 'n nederige en dankbare hart begin
kweek. Dit is die Almagtige wat aan my en jou die krag
gee om hard te werk. Dit is Hy wat aan ons gesondheid
en gawes gee.

Moet daarom nooit so tevrede word met jou sukses-
verhaal dat jy vergeet van God se aandeel daaraan nie. Hy
kan môre jou rykdom of jou roem van jou af wegneem
of jou stroop van jou vername posisie. Ek het al vele hoë
bome sien omval weens hulle trots, hoogmoed en ydelheid.
En ons weet wie die pa van hoogmoed en ydelheid is. God
waarsku ons in sy Woord dat hoogmoedige mense altyd
tot 'n val kom.

Hierdie besef dat ek 'n miermensie in die oë van die
almagtige God is, hou my op my knieë in totale afhanklik-
heid van Hom. Dit herinner my om nie te spog oor wat
ek vermag nie, maar om altyd erkenning aan God te gee.

Om nederig te wees beteken egter nie dat jy min van
jouself dink nie. Dit beteken nie jy sluip deur die lewe met
platgetrekte ore en stert tussen die bene nie. Inteendeel.
Mense wat regtig nederig is, het 'n gesonde selfbeeld omdat

hulle weet wie hulle in God is. Hulle leef met dankbaarheid vir elke stukkie manna en elke kwartel wat Hy uitdeel en streef daarna om hulle volle potensiaal te bereik om Hom daardeur te verheerlik.

Die uitkoms van hierdie nuwe identiteit is dat jou fokus verskuif van "me, myself and I" na ander mense en hulle behoeftes. Ek self moes heelwat lesse in nederigheid leer by die Here voordat ek bruikbaar was en Hy my kon uitstuur as 'n motiveringspreker wat nie vol is van haarself nie, maar vol is van die Here se genade.

Mense wat die geestelike vrug van nederigheid by die Meester aangeleer het, kan baie goed gebruik word om God op die markplein van die lewe te dien. Hulle kan 'n groot verskeidenheid mense op gelyke vlak ontmoet en deernis aan almal betoon. Nederige mense besef die waarde van genade in hulle eie lewe en kan dit daarom ook aan ander uitdeel.

Ons heel beste voorbeeld van nederigheid is natuurlik Jesus self. Hy het gesê: "Neem my juk op julle en leer van My, want Ek is sagmoedig en nederig van hart, en julle sal rus kry vir julle gemoed" (Matt 11:29).

As jy aan Jesus se karakter dink, hoe sou jy dit opsom? Hy het nooit op ander mense neergesien nie. Nêrens in die Bybel lees ons dat Jesus Homself as te verhewe beskou het om met ander mense, selfs dié wat uit die samelewing verstoot was, te meng nie. Nêrens lees ons dat Hy Homself

165

as te belangrik geag het om met die sogenaamde sondaars te gesels nie. Jesus het saam met die onwaarskynlikste mense gekuier, dié vir wie die godsdiensleiers hulle wenkbroue gelig het: die melaatses, die prostitute, die armes, die ongewilde tollenaars ...

Jesus is inderdaad ons beste voorbeeld van ware nederigheid en sagmoedigheid. Sy fokus was altyd op ander mense se omstandighede en behoeftes. Hy wou hulle dien eerder as om Homself in die limelight te plaas. Jesus het sy kosbare tyd aan mense afgestaan deur na hulle te luister en hulle te help. Hy het aan die honger mense kos gegee en saam met doodgewone mense geëet en gedrink. Jesus was altyd bereid om te dien. Hy, die Seun van God, het selfs sy dissipels se vuil voete gewas. Só het Hy prakties gedemonstreer wat Hy wil hê sy volgelinge moet doen. Jesus vra van ons om nooit so baie van onsself te dink dat ons ander mense nie sal dien nie.

Hier is 'n paar eienskappe van nederige mense wat vir my opvallend is. Hulle skram nie weg van onaangename take nie. Hulle rol maklik hulle moue op en doen die nederigste take, soos om rommel op te tel, vloere te was, badkamers skoon te maak of bejaardes se toonnaels te knip. Hulle blaas nie hulle eie beuel nie en pronk ook nie met ander se vere nie. Hulle stel werklik belang in ander mense se lewe en vra hulle graag daaroor uit. Hulle is nie jaloers nie, verneder nie ander mense nie en trap nooit op ander om bo uit te kom nie. Hulle is nie wreed of aggressief teenoor hulle naaste nie. Hulle is sagmoedig, deernisvol en toegeeflik. Die lewe het hulle skerp hoeke rond geskuur. Hulle kan jammer sê en die minste wees. Hulle is egter nie papbroekig nie en kan opstaan vir wat reg is.

Nederige mense kom in alle shapes en sizes en alle dele van die samelewing voor. Hulle kan skatryk of brandarm wees, bekend of onbekend, begaafd of gemiddeld. Hierdie mense het egter almal een ding gemeen: Hulle verstaan wie God is. Hulle verstaan ook wat hulle opdrag en doel as mens is. Nederige mense gebruik hulle gawes om ander te dien, sonder om 'n groot bohaai daaroor te maak. Hulle een hand weet nooit wat die ander hand doen nie. Hulle is gul en gun ander die ruimte om ook hulle gawes vol- uit te gebruik, sonder om jaloers of bedreig te voel wan- neer hulle meer sukses behaal. Hulle is onbaatsugtig en gee maklik erkenning en komplimente aan ander. As hulle 'n oop deur sien wat ander kan bevoordeel, sal hulle dit aanbied. Hulle weerhou nooit guns van ander nie.

Johannes die Doper is 'n goeie voorbeeld van 'n nede- rige mens. In Johannes 1:27 lees ons hierdie woorde van Johannes: "Dit is Hy wat ná my kom, wie se skoene ek nie werd is om los te maak nie." Johannes was 'n gewilde pre- diker. Hy het egter geweet wie Jesus is en wie hy is. Johan- nes het aanvaar dat sy opdrag was om Jesus se voorloper te wees – die een wat die pad na die ware Een moes aandui.

Nadat Jesus met die Heilige Gees gedoop is, het Johannes teruggestaan sodat Jesus met sy werk kon begin.

Nederige mense is bereid om ondersteunende rolle te speel en soms selfs hulle rol oor te gee aan iemand anders wat geskikter of bekwamer is. Hulle doen dit met 'n onselfsugtige ingesteldheid, ter wille van die groter prent. Hulle gee ook nie om om buite die kollig, agter die skerms en sonder enige applous te werk nie.

In die jare toe ek by Die Blou Hond betrokke was, het ek nederigheid as vrug van die Gees aangeleer. Ek het besef my bydrae tot die sukses van die onderneming is nie om op die verhoog in die kollig te wees nie, maar om agter die toe kombuisdeur met 'n groenteskiller en 'n mop in my hand te werk. Dit was nogal iets om gewoond te raak, moet ek erken.

As enkelouer moes ek ook 'n keer of wat die moeilike keuse maak om my droom om 'n vryskutaktrise te wees te verruil vir 'n vaste pos as joernalis. Om vir my jong kind finansiële sekerheid en standvastigheid te bied, het vir my swaarder geweeg as my eie behoefte om toneel te speel en beroemd te wees. Vandag is ek dankbaar dat ek daardie opoffering gemaak het. Die werk as joernalis het my geskaaf en my die nodige selfdissipline geleer om vandag boeke te skryf en te voltooi.

Ek woon en werk die afgelope tien jaar alleen. Ek maak self my huis skoon, hou die swembad netjies en sleep elke Maandag die asdrom uit. Om self hierdie ondankbare take te doen het altyd 'n positiewe uitkoms. Dit hou my sterk én nederig.

Hoogmoed, weet ek, staan soos 'n betonmuur in God se pad van transformasie. 'n Hoogmoedige hart sal nie geestelike verheldering kan beleef nie. 'n Nederige hart is ontvanklik vir God se groter plan.

Wat doen jy wanneer die Here jou vra om die minste te wees? Staan jy beleefd opsy wanneer dit van jou gevra word, of klou jy hardkoppig vas omdat jou eie agenda vir jou die belangrikste is?

Ware nederigheid en dienaarskap bly 'n uitdaging vir baie mense. Ek self moet gedurig toets of my motiewe suiwer is en of my hart werklik sag en nederig is. Nederigheid vra dat ons gedurig sal aanpas by ongemaklike veranderinge op ons lewenspad en aan God se wil gehoorsaam sal wees.

Slypskool

Mediteer oor God se Woord

Dink diep na oor hierdie verse voordat jy die vraelys beantwoord.

En julle wat jonger is, moet aan die ouer mense onderdanig wees. Almal moet trouens teenoor mekaar nederig wees en mekaar help, want "God weerstaan die hoogmoediges, maar aan die nederiges gee Hy genade." Onderwerp julle daarom in nederigheid aan die kragtige hand van God, sodat Hy julle kan verhoog op die tyd wat Hy bestem het.

– 1 Petrus 5:5-6

Vraelys

Gaan sit op 'n stil plek, alleen by die Here. Toets nou hoe jy vaar met nederigheid deur die vraelys te beantwoord. Antwoord elke vraag eerlik anders het die oefening geen waarde nie. Jy hoef jou antwoorde met niemand te deel nie.

Vra die Here om jou te help om die molshope van hoogmoed en selfsug in jou optrede raak te sien en jou te help om waarlik nederig te wees soos die wyse uil.

Nederigheid

1. Praat jy graag oor jouself? Oorheers jy vinnig 'n geselskap met jou insette en opinies?
2. Praat jy graag oor jou (en jou man en kinders se) prestasies?
3. Gooi jy maklik belangrike name rond wanneer jy saam met ander mense kuier om self belangrik te klink?
4. Vertel jy graag vir ander dat die een of ander bekende of invloedryke persoon familie of vriende van jou is?

5. Is jy baie mededingend en is dit vir jou belangrik om te wen?

6. Hoe tree jy op wanneer jy verloor? Kan jy die wenners opreg gelukwens?

7. Skinder jy graag oor suksesvolle mense en probeer hulle beeld negatief beïnvloed?

8. Het jy al mense probeer swartsmeer? Hoekom wou jy dit doen?

9. Is jy baie liggeraak wanneer iemand jou kritiseer? Sukkel jy om daarvan te vergeet?

10. Is jy aggressief en baasspelerig? Raak jy maklik in 'n magstryd betrokke?

11. Is dit vir jou baie belangrik om 'n argument te wen? Hoekom?

12. Kan jy jammer sê wanneer jy verkeerd was?

13. Kan jy die minste wees om 'n plofbare situasie te ontlont, selfs al is jy reg?

14. Kan jy ander mense maklik vergewe?

15. Troetel jy al jare lank wrokke teenoor sekere mense? Hoe laat dit jou voel?

16. Vergelyk jy jouself dikwels met ander?

17. Spog jy graag met jou prestasies, kar, huis of ander besittings?

18. Wie beskou jy as jou meerderes? En as jou minderes? Hoe tree jy teenoor hulle op?

19. Dink jy jy het ander mense al te na gekom? Hoe voel jy daaroor?

20. Is jy ongemaklik wanneer jy 'n ruimte met brandarm mense moet deel? Of met mense van ander kulture, gelowe, rasse of taalgroepe?

21. Hoe voel jy oor diskriminasie teenoor ander?

22. Is jy bereid om daardie glanslose en ondankbare taak te doen om ander te help?

23. Is jy bereid om na wyse raad te luister en kan jy reggehelp word? Of glo jy jy is altyd reg?

24. Plaas jy maklik negatiewe kommentaar op sosiale media? Hoe laat dit jou voel?

25. Gun jy ander hulle plekkie in die son, of raak jy maklik jaloers?

26. Skroom jy nie om iemand in die openbaar te verneder nie, soos wanneer 'n kelner vir jou die verkeerde kos bring?

27. Hoe behandel jy vreemdelinge?

28. Deel jy graag komplimente uit, of eerder kritiek?

29. Wat is jou beeld van Jesus? En van jouself? En van ander mense?

Blinde mol

Watter blindekolle of molgedrag sien jy nou in jou lewe raak? Wanneer en waar het jy hoogmoedig of selfsugtig

opgetree? Teenoor wie het jy nie die eienskap van nede-
righeid uitgeleef nie?

Teenoor watter mense of groepe voel jy meerderwaardig
sodat jy nie die eienskap van nederigheid teenoor hulle
uitleef nie?

....

....

....

....

....

....

Wyse uil

Wat kan jy doen om werklik nederig te leef? Hoe kan jy nederigheid deel van jou karakter maak en dit met jou lewe integreer?

....

....

....

....

....

....

....

Om jou lewe, van binne en van buite, te omvorm om soos Jesus se lewe te lyk, vra 'n daaglikse diep en egte verbintenis met Hom. Hierdie verbintenis kan nie tot jou stiltetyd beperk word nie, maar moet elke faset van jou lewe raak en blywend wees om uiteindelik volkome in jou lewe geïntegreer te word. Wanneer jy 'n blywende verbintenis met Jesus het, sal jy altyd naby Hom bly en Hy sal jou bemagtig om te doen wat reg is. Só sal jy sy voorbeeld kan volg en nooit voel jy is beter as ander nie. Wanneer jy verstaan wie Jesus is, sal jy nederig leef en ander dien, net soos Hy.

Gebed om nederigheid

Here, ek bely dat ek nie so nederig is soos U van my verwag nie. Ek het nog so baie om by U te leer. Ek bely dat ek dikwels stilletjies glo ek is beter as baie van u ander skepsels en dan op hulle neersien. Ek bely dat my hart dikwels hoogmoedig en verhard is teenoor mense wat ek as my minderes beskou. Help my om nuut te kyk na wie U is en só nuut na myself en ander mense te kyk. Ek vra, Here, dat U die harde hoogmoed uit my hart sal wegneem en u nederige en sagte hart in my sal kweek. Help my om elke dag as u nederige dienaar op die markplein van die lewe uit te gaan en mense op te bou eerder as af te kraak. Tot eer van u Naam. Amen.

Jou praktiese opdrag vir transformasie en vernuwing

Skryf drie gewoontes neer wat jy in jou lewe wil vaslê om jou te help om ware nederigheid uit te leef teenoor almal en in alle omstandighede, net soos Jesus.

9. Vrede

"Geseënd is die vredemakers, want hulle sal kinders van God genoem word."

– Matteus 5:9

Sien hierdie situasie in jou verbeelding ...

Jy sit vredevol op 'n vredevolle eiland met jou vrede-volle man langs jou. Jy het 'n cocktail met 'n sambreeltjie in jou hand, jy is op die perfekte gewig en jou fake tan lyk oortuigend. Niks pla jou nie. Geen sorge van die lewe beroof jou van jou blydskap en lewensenergie en vrede nie.

Skielik steek daar 'n stormwind op. Jou cocktail waai met sambreeltjie en al uit jou hand en jou nuwe sonhoed rol agterna. Jou strandsak met jou boeke en beursie en bankkaarte word deur 'n fratsbrander opgelek. Jy hardloop agterna en kom druipnat met jou vrag terug.

Jy blameer jou man omdat hy nie vinnig genoeg gere-ageer het nie. Hy wip hom en beskuldig jou daarvan dat jy alewig met 'n hele pakkasie strand toe gaan. Jou gemoed verander in 'n oogwink van vredevol na oorlogsugtig. Jy en jou man baklei soos kat en hond terwyl julle terugmarsjeer na julle hotelkamer toe.

Klink dit bekend? En wat gebeur nou? Hoe gaan julle hierdie tameletjie hanteer en die vrede herstel?

Mense met integriteit het die vermoë ontwikkel om konflik vinnig en doeltreffend te hanteer en vredemakers te wees. Mense wat konflik kan ontlont, is kosbaar. Hulle geniet nie net vrede nie, maar herstel ook vrede. Hulle het 'n hoë emosionele en geestelike intelligensie ontwikkel deur gedurig plofbare situasies en moeilike mense op te som en te oefen om só daarop te reageer dat dit die beste uitkoms bied vir almal wat betrokke is.

Om 'n vredemaker te wees vra dat jy jou onstuimige emosies en ego in 'n konfliksituasie eers eenkant toe sal skuif en so neutraal moontlik na die chaos voor jou sal kyk. Iemand wat konflik doeltreffend kan bestuur en oplos, verstaan watter genesende waarde kalmte in 'n sensitiewe situasie het. Hulle slaag daarin om ten spyte van meningsverskille en ontsteltenis kalm en redelik te bly. Hulle kry eers al die feite op die tafel en bou dan brûe tussen mense deur met selfbeheersing en geduld na elkeen te luister. Vredemakers se doel is nie om iemand anders te laat wen of self te wen nie, maar om vrede te laat wen.

Mense wat konflik kan bestuur is vaardige kommunikeerders. Hulle besin eers oor die langtermyninvloed van hulle woorde. Wanneer hulle op konflik reageer, is hulle nooit beledigend of aanvallend nie. Hulle kwes nie ander terug wanneer hulle ego gekrenk word nie. Hulle kap nie terug wanneer daar na hulle gekap word nie. Hulle probeer oorloë voorkom eerder as om dit aan te vuur. Hulle span hulle selfbeheersing in om 'n gespanne situasie te verlig.

Selfbeheersing is 'n vrug van die Gees van God wat in jou lewe werk en in beheer is van jou reaksies. Onder sy Goddelike leiding kan jy leer om op 'n bedagsame en intelligente manier op plofbare situasies te reageer. Mense sonder selfbeheersing het nog nie geleer om gesonde grense aan hulleself of aan ander te stel nie. Wanneer jy nie grense stel nie, sal jy impulsief en kortsigtig optree en nie die vrede kan bewaar nie. Spreuke 25:28 sê: "Iemand sonder enige selfbeheersing is net so weerloos soos 'n groot stad sonder polisie of veiligheidswagte. Totale wanorde kan uitbreek."

Mense sonder goeie konflikbestuurvaardighede is ge-woonlik liggeraak en neem graag deel aan gevegte. Hulle verloor beheer oor hulle emosies en speel nie altyd mooi nie. Die wag voor hulle mond is dikwels nie aan diens nie. Hulle praat vinnig en praat ander dood, en luister nie na ander se standpunte nie. Hulle is nie goeie brandblus-sers nie en sal 'n smeulende kooltjie tot 'n wegholbrand aanblaas. Hulle gebruik nie sagte woorde om die vlamme te blus nie.

Hierdie mense ken net van veg of vlug. Hulle sal eerder mense van wie hulle verskil uit hulle lewe sny as om aan 'n beter verhouding te werk. Hulle kan ook goed sulk.

Klink dit bekend? Hou goeie moed. Ek moes jare lank by die Meester klasloop om selfbeheersing en geduld vas te lê en dit in stormagtige situasies en met stormagtige mense in te span om vrede te maak. Ek kan vandag met blydskap sê dat die vuurvreter in my gekwyn het. Ek het geleer dat dit onwys is om in 'n argument betrokke te raak wanneer ek moeg, oorwerk of gestres voel. (Want dan is ek gevaarlik!) Dan is dit beter om 'n meningsverskil eers op ys te sit totdat ek kalmer is en met wysheid kan optree. Ek het ook geleer om weg te stap van onwaardige battles met onwaardige teenstanders. Ek kies my fights.

Ek verkies om in vrede te leef en die minimum konflik in my lewe toe te laat. Maar wanneer ek die dag wel moet kopstamp oor my beginsels of oortuigings, vyl ek my bakleihorings goed af en probeer die konflik sinvol, redelik en op 'n emosioneel volwasse manier hanteer.

Ek wil graag iemand met integriteit wees, en mense met integriteit het die vaardigheid aangeleer om as beelddraers van God hulle emosies in toom te hou en konflik suksesvol te hanteer. Hulle veroorsaak nie openbare verleentheid deur onvanpas op te tree nie. Hulle bly geanker in hulle karakter van integriteit, en dit sluit selfbeheersing in. Dan kan hulle vrede agter hulle laat en saans rustig gaan slaap – sonder opgeblaasde kieste en sonder om te bloos van skaamte.

Gaan lees gerus weer in Matteus 4:1-11 oor Jesus se groot toets in selfbeheersing nadat Hy 40 dae sonder kos in die woestyn was. Jesus moes baie honger en liggaamlik en emosioneel swak gewees het. Ek weet hoe 'n mens voel wanneer jy baie honger is, geïrriteerd en knorrig.

Die vyand het geweet Jesus was verswak en slaan toe. Dit was die gulde geleentheid vir hom om Jesus te probeer verlei en sy integriteit te toets. Die duiwel versoek Jesus drie keer. Die derde keer belowe die duiwel Hom enigiets wat sy hart begeer, op een voorwaarde: Jesus moet voor hom buig. Daarop het Jesus skerp gereageer. "Gee dadelik pad van My af, Satan! Die Bybel sê: 'Jy moet net die Here as jou God aanbid. Hom alleen moet jy dien.'" Toe het die duiwel vir Jesus uitgelos en die engele het Hom versorg met alles wat Hy nodig gehad het. Ek is seker daar was vars dadels en heuning in sy kospakkie.

Jesus wys hier vir ons hoe om ons emosies te beheer in moeilike omstandighede. Wanneer ons naby God die Vader leef en aan sy waardes vashou, vlug ons weg van versoekings en ons hanteer konflik volgens sy voorbeeld. Die Here sal aan ons die krag en die regte woorde gee.

Mense met integriteit se waardestelsel is in pas met God se waardes en stewig genoeg vasgesement in hulle lewe om versoekings te weerstaan, konflik te hanteer en vrede te bevorder. 2 Tessalonisense 3:16 sê: "Die Here het vrede tussen Hom en ons gebring. Mag Hy nou ook aan julle sy wonderlike vrede gee. Mag julle dit op verrassende nuwe maniere in jul eie lewe beleef. Dink daaraan, die Here is altyd by julle almal."

In 'n land soos Suid-Afrika waar ons elke dag met rasse-spanning, korrupsie, nepotisme, geldwassery en misdaad te doen het, is vredemakers onontbeerlik. Ongelukkig het nie alle mense die vermoë om brûe tussen teenstanders en vyande te bou nie. Ons leef in 'n ingewikkelde land met mense uit verskillende etniese groepe, gelowe en taalgroepe om in ag te neem. Om 'n waarlik vredevolle reënboognasie te bou lyk soms vir my menslik onmoontlik.

In ander lande gaan dit nie veel beter nie. Leiers stry en baklei. Verskille lei tot geskille en verbreekte verhoudings en oorloë. Ek het al so baie gehoor hoe gekroonde skoon-hede die vredeshaas uit die hoed ruk wanneer hulle gevra word wat hulle sou doen om 'n verskil te maak as hulle met die kroon sou wegstap. Die een ná die ander neem die mikrofoon en verklaar dat wêreldvrede hulle grootste droom is. Makliker gedroom as gedoen.

Dit is egter nie onmoontlik wanneer al die betrokke mense hulle ego's neerlê en God – en ander mense se wel-stand – die middelpunt van die onderhandelinge maak nie. In 1993 het Suid-Afrika deel van 'n geskiedkundige oomblik in die wêreld geword. Die Nobelprys vir vrede is gesamentlik aan FW de Klerk en Nelson Mandela toegeken vir die rol wat hulle gespeel het om vrede te vestig in Suid-Afrika, ten spyte van groot politieke verskille.

Weens ons sondige natuur is min mense van nature bevoeg om na ander uit te reik en vredemakers te wees. Vredemakers het buitengewone eienskappe nodig, veral geduld. Hulle moet hulle eie foute kan erken, hulle teenstanders kan vergewe, hittige meningsverskille koelkop kan bestuur en selfbeheersing, geduld en kalmte kan toepas. Hulle moet ook onpartydige kommunikeerders wees. Hulle hoofdoel moet wees om 'n beter verstandhouding tussen mense te bewerkstellig. Dit is 'n moeilike en veeleisende taak om 'n verdeelde volk na 'n vreedsame naasbestaan te lei. Dink maar aan Moses wat die opstandige en hardkoppige Israeliete na Kanaän moes lei.

Maar, met God se hulp ís dit moontlik.

Wil jy meer vrede ervaar? Word dan self eers 'n vredemaker. Begin by jou eie bedding. Daar waar jy geplant is.

Word 'n nederige en sagmoedige mens wat alles moontlik doen om brûe tussen die mense in jou huis, die mense by die werk en die mense in die samelewing te bou. Word aktief deel van die oplossing eerder as van die probleem. Die Woord leer ons immers dat 'n sagte antwoord die grimmigheid afkeer.

Jesus is ons heel beste voorbeeld van 'n vredemaker. Hy het verhoudings met uiteenlopende mense gebou deur 'n gesindheid van liefde, genade en vrede uit te leef. Hy is gestuur, nie net as Redder nie, maar ook as Vredevors. Jesus vra ook van ons om vredevorste te word. Juis daarom het Hy ná sy opstanding sy vrede aan ons elkeen gegee.

Ken jy die vrede van God wat alle verstand te bowe gaan? En kan jy hierdie vrede vestig en bewaar in jou alledaagse lewe, al vernietig die klein en groot jakkalse die wingerd? Ware vrede is die vrug van God se Gees wat in ons werk. Dit is Hy wat vrede diep in jou gees anker, ook wanneer die storms van die lewe jou tref.

In plaas van kla oor alles wat verkeerd is in ons land en in die wêreld, bid ek eerder elke aand dat ons leiers, ag, eintlik álmal in ons land, vredemakers sal word. Ek bid dat God ons elkeen se hart sal aanraak. Ek bid dat Hy ons sal toerus met die vermoë om suksesvolle konflikhanteerders en vredevorste te word. Ek bid dat God se suiwer waardes deel sal word van ons DNS en dat vrede en voorspoed soos 'n veldbrand deur ons land sal versprei.

Ek bid dat God jou sal inspireer om die vuurvreter in jou te tem sodat jy 'n ware vredemaker sal wees.

Slypskool

Mediteer oor God se Woord

Dink diep na oor hierdie vers voordat jy die vraelys be-
antwoord.

> "Vrede laat Ek vir julle na; my vrede gee Ek vir julle.
> Die vrede wat Ek vir julle gee, is nie die soort wat die
> wêreld gee nie. Julle moet nie ontsteld wees nie, en
> julle moet nie bang wees nie."
>
> – JOHANNES 14:27

Vraelys

Gaan sit op 'n stil plek, alleen by die Here. Toets nou hoe
jy as vredemaker vaar met konflikhantering en vredesbrûe
bou deur die vraelys te beantwoord. Antwoord elke vraag
eerlik anders het die oefening geen waarde nie. Jy hoef jou
antwoorde met niemand te deel nie.

Vra die Here om jou te help om die molshope van
aggressie, konflik en 'n gebrek aan selfbeheersing in jou
optrede raak te sien en jou te help om soos 'n wyse uil
waarlik 'n vredemaker te word.

Vrede

1. Het jy vrede in jou hart?

2.   Leef jy in vrede met ander mense sover dit in jou
     vermoë is?

Maak seker jy beantwoord hierdie twee vrae eerlik voordat
jy die volgende vrae beantwoord.

3.   Is jy geduldig met ander mense, of wip jy jou vinnig
     as iemand jou verkeerd opvryf?
4.   Sulk jy ná 'n meningsverskil of rusie?
5.   Kry jy gereeld stilstuipe ná 'n rusie? Indien wel,
     hoe lank?
6.   Sukkel jy om jammer te sê?
7.   Is dit vir jou moeilik om die minste te wees? Wat
     verhoed jou?
8.   Kan jy eerste 'n hand van vrede uitsteek, of wag jy vir
     die ander persoon om dit eerste te doen?
9.   Kan jy iemand se hand van vrede aanvaar?
10. Is jy bereid om te skik ter wille van vrede?
11. Kan jy na ander se standpunte luister om hulle beter
     te verstaan?
12. Val jy ander maklik in die rede tydens 'n argument?
13. Is dit vir jou belangrik om 'n meningsverskil te wen?
14. Het jy al mense unfriend op sosiale media? Indien
     wel, wat was die redes?
15. Het jy al mense geblok op sosiale media en jou foon?
     Indien wel, wat was die redes?

16. Is daar vriende en familie met wie jy al jare lank kwaaivriende is?
17. Baklei jy gereeld met mense? By die huis? By die werk? In jou vriendekring?
18. Praat jy dikwels sleg van ander agter hulle rug?
19. Blaas jy konflik op sosiale media aan?
20. Kan jy jou emosies beheer in 'n konfliksituasie?
21. Raak jy persoonlik wanneer jy kwaad is en val mense aan? Gebruik jy kragwoorde? Verhef jy jou stem?
22. Raak jy ooit handgemeen wanneer jy kwaad is? Of breek jy goed uit woede?
23. Waarop fokus jy die maklikste: iets om oor te kla, of iets om te prys?
24. Met wie kom jy goed oor die weg? Hoekom?
25. Met wie kom jy nie goed oor die weg nie? Hoekom?
26. Glo jy dat jy altyd reg is? Of kan ander mense ook reg wees?
27. Hoe behandel jy mense van ander kulture in ons land?
28. Hoe hanteer jy gelowiges wat van jou verskil?
29. Wat bevorder jy tussen mense: onmin en oorlog, of vrede en versoening?

Blinde mol

Watter blindekolle of molgedrag sien jy nou in jou lewe raak? Wanneer het jy konflik veroorsaak, aangeblaas of verkeerd hanteer, in plaas daarvan om brûe van vrede tussen mense te bou?

....

....

....

....

....

Met watter mense leef jy nou al lank in onmin sonder om iets te doen om die vrede te herstel?

....

....

....

....

....

Wyse uil

Wat kan jy doen om werklik 'n vredemaker te word? Hoe kan jy vrede deel van jou karakter maak, dit met jou lewe integreer en 'n vredevors word, soos Jesus?

....

....

....

Om jou lewe, van binne en van buite, te omvorm om soos Jesus se lewe te lyk, vra 'n daaglikse diep en egte verbintenis met Hom. Hierdie verbintenis kan nie tot jou stiltetyd beperk word nie, maar moet elke faset van jou lewe raak en blywend wees om uiteindelik volkome in jou lewe geïntegreer te word. Wanneer jy 'n blywende verbintenis met Jesus het, sal jy altyd naby Hom bly en Hy sal jou bemagtig om te doen wat reg is. Dan sal jy 'n brugbouer en 'n vredemaker word.

Gebed om vrede

Here, ek bely dat ek nie altyd vrede in my hart het nie. Ek bely ook dat ek nie altyd selfbeheersing toepas en met geduld teenoor ander optree nie. Ek besef ek leef nie naastenby volgens die voorbeeld wat U, die Vredevors, aan ons gestel het nie. Ek is dikwels kort van draad, liggeraak en aanvallend. Here, help my om nuut te kyk en nuut te reageer wanneer mense my kwaad maak. Gee vir my 'n sagmoedige hart en leer my om oral vrede te probeer vestig. Ek bid dat U my, selfsugtige sondaar, genadig sal wees en my sal vergewe vir al die kere toe ek mense verkeerd behandel het en konflik aangeblaas het. Raak my hart aan, Here, en tem die vuurvreter in my. Help my om elke dag as 'n Vredevors uit te gaan en vrede en versoening in ons land te vestig. Tot eer van u Naam. Amen.

Jou praktiese opdrag vir transformasie en vernuwing

Skryf drie gewoontes neer wat jy in jou lewe wil vaslê om jou te help om waarlik 'n vredemaker te wees en Jesus se vrede teenoor ander uit te leef.

....

....

....

....

....

10. Omgeeliefde

Hulle straal vriendelikheid en warmte uit; daarom wil ander graag in hulle teenwoordigheid wees.

– GALASIËRS 5:23

Ken jy mense wie se innerlike lig jou soos 'n mot na 'n kersvlam aantrek? Hulle is goeie mense, inside and out. Die sout van die aarde. Jy kan nie help om aangetrokke te voel tot hierdie spesiale mense en meer van hulle te wil beleef nie. Anders as met die mot en die kerslig, skroei hierdie liefdevolle mense se lig jou nie wanneer jy nadergaan nie, maar dit versterk jou asof jy 'n tonic ingekry het.

Die spesiale eienskap wat hierdie mense deurlopend en teenoor almal uitleef, het ek agtergekom, is omgeeliefde. Ek voel altyd beter wanneer ek 'n ruimte deel met iemand wat opregte, warm omgeeliefde na my toe uitstraal. Ons almal het tog die behoefte om liefgehê te word. Mense wat liefde uitleef – en nie net daaroor praat nie – is die ware ligdraers van die samelewing. Hulle bring genesende lig in 'n donker wêreld.

Die Woord van die Here herinner ons in die bekende 1 Korintiërs 13 dat al ons goeie eienskappe niks beteken sonder ware omgeeliefde vir ander mense nie. Jy kan hoe eerlik, hoe opreg, hoe getrou en hoe respekvol wees, sonder liefde in jou hart is al jou goeie eienskappe niks werd nie. Nogal iets om oor na te dink ...

Mense met integriteit het die kuns van naasteliefde bemeester. Hulle gee werklik om vir hulle medemens en is altyd bereid om te help, in hulle familie, in hulle vriendekring en in die gemeenskap. Jy hoef hierdie mense nie te smeek of te coach om ander by te staan, te bemoedig of te help nie. Hulle inisieer dikwels hulle liefdadigheidsprojekte. Hulle doen dit omdat hulle wil, en meestal stilstil, sonder om dit oral te adverteer. Opregte liefde vir die Here vuur hulle aan om die lewe vir alle ander mense makliker en beter te maak. Hulle gryp elke geleentheid aan om goeie dinge vir ander te doen, selfs al kry hulle niks terug nie. Dikwels nie eens 'n dankie nie.

Hulle tree op volgens Jesus se woorde in Matteus 25:34-40: " 'Kom, julle wat deur my Vader geseën is! Die koninkryk is van die skepping van die wêreld af vir julle voorberei. Neem dit as erfenis in besit, want Ek was honger, en julle het My iets gegee om te eet; Ek was dors, en julle het My iets gegee om te drink; Ek was 'n vreemdeling, en julle het My gehuisves; Ek was sonder klere, en julle het vir My klere

gegee; siek, en julle het My verpleeg; in die tronk, en julle
het My besoek.' Dan sal dié wat die wil van God gedoen
het, Hom vra: 'Here, wanneer het ons U honger gesien en U
gevoed, of dors en U iets gegee om te drink? En wanneer het
ons U 'n vreemdeling gesien en U gehuisves, of sonder klere,
en vir U klere gegee? Wanneer het ons U siek gesien of in
die tronk en U besoek?' En die Koning sal hulle antwoord:
'Dit verseker Ek julle: Vir sover julle dit aan een van die
geringste van hierdie broers van My gedoen het, het julle
dit aan My gedoen.'"

Hulle gee die jas vir die een wat koud kry, hulle gee
die bord kos vir die een wat honger is, hulle gaan kuier by
die een wat eensaam is.

Hierdie omgeeliefde is 'n vrug van die Gees se sagte
werking in jou hart. Sy omgeeliefde verander jou en die
mense na wie jy dit laat vloei ten goede. Wanneer jy om-
geeliefde in jou hart het, sal jy dit spontaan begin uitleef,
teenoor almal en in alle omstandighede. Die uitwerking
van God se genadige omgeeliefde sal dan ál sigbaarder
wees in jou lewe. Jy sal anders optree – met warmte, liefde,
genade en barmhartigheid. Wanneer jy omgeeliefde leef,
is dit doeltreffender as die heel beste preek om mense na
Jesus toe aan te trek. Dit weerspieël God se ware omgee en
liefde en skyn soos 'n lig uit jou uit. En dit spreek harder
en duideliker as jou mooiste woorde.

Weer is Jesus ons grootste en beste voorbeeld van iemand wat omgeeliefde uitgeleef het. Hy was opreg lief vir mense, nie net vir die goeie of die *nice* mense nie, maar ook vir die sogenaamde sondaars van die samelewing, dié op wie ander mense neergesien het. Op die vooraand van sy kruisdood was omgeeliefde vir ander mense dan ook die dringendste boodskap wat Jesus by sy dissipels – en ons as sy volgelinge – wou tuisbring.

"My liewe vriende, my tydjie by julle raak nou min. Ek gaan weg en julle sal My soek, maar My nie kry nie. Julle sal nie kan kom waar Ek gaan nie. Ek het dit mos al vir die Jode gesê. Nou sê Ek dit vir julle ook. Julle moet mekaar liefhê. Dit verwag Ek van julle. Kyk hoe lief het Ek julle. Laat dit vir julle die voorbeeld wees van hoe lief julle mekaar moet hê. Hierdie liefde van julle moet as't ware hard en duidelik 'praat'. Mense moet daarna kyk en sê: 'Kyk net, daar's 'n volgeling van Jesus'" (Joh 13:33-35).

Liefde is Jesus se nalatenskap aan die wêreld. Jesus wil hê Hy moet eerstens onthou word vir sy omgeeliefde vir alle mense eerder as vir al sy preke en wonderwerke. Hy wil ook hê sy volgelinge moet aan hierdie omgeeliefde vir alle mense herken word. Dan sal almal kan sê: "Kyk net, daar's 'n volgeling van Jesus." Sonder hierdie genadige omgeeliefde in ons harte vir ons naaste, lyk ons nie soos Jesus nie.

Ek wonder dikwels hoe ek meer liefde kan uitleef. Ek is 'n skrywer en spreker. My boerdery bestaan dus uit baie woorde wat ek inspan om 'n impak te maak. Ek deurdink gedurig my woorde en hoe ek hulle kan gebruik om liefde te saai, mense te bemoedig en meer lig in ons donker land uit te straal. Soms raak ek egter stil en skuif al my mooi woorde eers eenkant toe. Dan vra ek die Here om vir my te wys wat ek prakties kan doen om liefde te leef.

Eerstens vul ek my hart met die vriendelike omgee-liefde van die Meester en pak dan my dag met hierdie gesindheid aan. Ek sê dankie vir almal wat my help, ek glimlag breed en deel komplimente uit. Ek groet elkeen hartlik, knoop geselsies aan en maak grappies – met die kassier by die winkel, met die man wat brandstof in my motor gooi, met die karwag op die parkeerterrein en met die man wat my trollie vol kos kar toe stoot. En ek gee hulle 'n fooitjie. Ek gee kos aan die uitgeteerde man wat Maandae in ons straat se asblikke kom krap. Ek bederf my tuinier met 'n liter koeldrank, 'n pastei en 'n klein bonus. Ek neem 'n tjoklit vir die vrou wat week ná week vir my roosblare by die blomwinkel bêre om by funksies te gebruik. Ek skenk boeke by funksies to pay it forward aan mense wat swaar kry. Ek stuur teksboodskappe na my sieklike huurder om te hoor hoe dit gaan. Ek bied aan om te gaan inkopies doen vir haar. Ek pluk die heel mooiste roos in my tuin vir 'n vriendin. Ek pak my huis reg en gee alles wat ek nie meer gebruik nie aan iemand wat dit nodig het. Maar ek gee ook iets weg waarvan ek baie hou, iets wat vir my kosbaar is. Ek skenk 'n skildery om op te veil vir fondse vir 'n liefdadigheidsprojek.

Daar is soveel wat ons kan doen. Kan + wil = liefde in beweging.

Ek dink gereeld aan mense wat ek ken wat 'n steil pad loop. Ek reageer wanneer mense wat swaar kry se name dringend op my hart gelê word. Ek dink nie net aan hulle nie, maar doen ook iets. Ek nooi hulle vir koffie, bel hulle of stuur 'n stemboodskap. Ek reik uit en maak kontak. Soms is dit al wat hulle wil hê. Belangstelling van iemand wat omgee. Dink + doen = liefde in beweging.

Wanneer jy jou hart oopstel om meer omgeeliefde te leef, sal die Here vir jou wys waar jy 'n lig van hoop vir ander kan wees. Dit kan 'n heerlike avontuur word om Jesus se omgeeliefde te laat vloei na ander.

Tydens die baie maande van streng inperking in ons land was daar 'n paar vroue in my lewe wat 'n hand van liefde na my toe uitgesteek het. Hulle het ongevraagd my boeke help bemark en verkoop. Party het stilletjies geld in my rekening inbetaal. Ander het my bederf met koekies, beskuit, velsorgprodukte, helder lipstiffies en naellak. Ek het tot gratis masserings ontvang vir my stywe skrywersnek.

En dan was daar dié wat kontak behou en gereeld gevra het hoe dit met my gaan. 'n Eenvoudige "Is jy nog oukei?" of "Kan ek jou gou bel?" het my geliefd laat voel en my gemoed opgekikker. Ons het nie net die Brood van die lewe nodig nie; ons het ook kontak met mekaar nodig op 'n menslike vlak, veral in hierdie tyd waar so baie mense as gevolg van die isolasie vereensaam. Ons het nodig om te hoor en te sien en te voel dat mense vir ons omgee. Dit motiveer ons om self uit te gaan en vir iemand anders 'n ligdraer te wees.

Gary Chapman beskryf in sy boek *The 5 Love Languages* die vyf verskillende maniere waarop mense liefde gee en liefde ontvang: onverdeelde tyd, geskenke, liefdevolle dade, opbouende woorde en liggaamlike aanraking. Jesus het ál vyf hierdie maniere van liefhê prakties uitgeleef toe Hy op aarde was.

Wat is jou definisie van liefde? Vir my is iemand wat ware omgeeliefde kan uitleef ook iemand wat ál nege die eienskappe van die vrug van die Gees in hulle lewe het: liefde, vreugde, vrede, geduld, vriendelikheid, goedhartigheid, getrouheid, nederigheid en selfbeheersing.

Is God se lig van omgeeliefde in jou hart aangeskakel? Is ál nege die eienskappe van die vrug van sy Gees in jou lewe en optrede sigbaar? Sluit aan by die slypskool en vind uit.

Slypskool

Mediteer oor God se Woord

Dink diep na oor hierdie vers voordat jy die vraelys be-antwoord.

> Tussen die klere wat God vir julle gegee het, is daar
> 'n kledingstuk wat alles perfek afrond. Jy moet dit
> altyd en oral dra. Hierdie kledingstuk is die liefde.
> As julle mekaar liefhet, leef julle presies soos God
> dit wil hê. Liefde hou julle naby mekaar soos julle
> veronderstel is om te wees.
>
> – KOLOSSENSE 3:14

Vraelys

Gaan sit op 'n stil plek, alleen by die Here. Toets nou hoe jy vaar met omgeeliefde deur die vraelys te beantwoord. Antwoord elke vraag eerlik anders het die oefening geen waarde nie. Jy hoef jou antwoorde met niemand te deel nie.

Vra die Here om jou te help om die molshope van 'n gebrek aan liefde en omgee in jou optrede raak te sien en jou te help om soos 'n wyse uil waarlik sy omgeeliefde na ander te laat vloei.

Omgeeliefde

1. Sou jy sê jy leef liefde? Hoe doen jy dit?

2. Wat is jou reaksie wanneer 'n geliefde vriendin of familielid deur 'n besonder moeilike tyd gaan?

3. Wat doen jy wanneer iemand wat jy nie so goed ken nie swaar kry?

4. Wie beskou jy as jou naaste?

5. Wie beskou jy nie as jou naaste nie?

6. Hoe voel jy oor die armes in ons land? Is jy betrokke by hulle nood?

7. Watter groep mense beweeg jou om persoonlik by hulle betrokke te raak en hulle te help: eensame bejaardes in tehuise, weeskinders, enkelma's, mishandelde vroue en kinders, siek mense, kankerpasiënte, haweloses, verslaafdes, depressiewe mense, mense wat 'n verlies moet verwerk?

8. Was jy al betrokke by 'n liefdadigheidsprojek? Wat was dit? Hoe het dit jou laat voel om 'n verskil te maak?

9. Stel jy opreg belang in mense en wys jy dit vir hulle deur na hulle uit te reik?

10. Sou jy sê jy is 'n goeie vriend, een wat altyd daar is in tye van nood?

11. Is jy betrokke by jou familie, kollegas of personeel se lief en leed?

12. Hoe verknog is jy aan jou gemak en gerief? Sal jy uit jou gemaksone klim om ander te help en met omgeeliefde te bemoedig?

13. Wat doen jy met jou oorskietkos? En jou oorskiettyd?

14. Dink aan kere toe jy iemand bewustelik gehelp en 'n verskil in sy of haar lewe gemaak het. Wat het jy gedoen? Hoe het dit die persoon laat voel? Hoe het dit jou laat voel?

15. Watter gawes het jy?

16. Bedien jy mense met jou gawes?

17. Wat is jou primêre liefdestaal? En jou sekondêre liefdestaal?

18. Is jy van nature iemand wat omgeeliefde uitleef? Indien nie, wat weerhou jou?

19. Wil jy meer van Jesus se omgeeliefde in jou lewe uitleef?

Blinde mol

Watter blindekolle of molgedrag sien jy nou in jou lewe raak? Wanneer en waar het jy versuim om omgeeliefde na jou naaste te laat vloei?

....

....

....

....

....

....

Van watter mense in jou onmiddellike omgewing weerhou
jy jou omgeeliefde?

....

....

....

....

....

....

....

Wyse uil

Wat kan jy doen om ware omgeeliefde uit te leef? Hoe kan
jy Jesus se soort liefde deel van jou karakter maak en dit
met jou lewe integreer?

....

....

....

....

....

....

....

Om jou lewe, van binne en van buite, te omvorm om soos Jesus se lewe te lyk, vra 'n daaglikse diep en egte verbintenis met Hom. Hierdie verbintenis kan nie tot jou stiltetyd beperk word nie, maar moet elke faset van jou lewe raak en blywend wees om uiteindelik volkome in jou lewe geïntegreer te word. Wanneer jy 'n blywende verbintenis met Jesus het, sal jy altyd naby Hom bly en Hy sal jou bemagtig om te doen wat reg is. Dan sal jy altyd opregte omgeeliefde uitleef teenoor elke mens wat Hy gemaak het.

Gebed om omgeeliefde

Here, ek bely dat ek nie naastenby genoeg omgeeliefde in my hart het nie. Ek bely dat ek dikwels doelbewus wegkyk en die mense op my pad wat liefde nodig het, ignoreer. Ek bely dat my hart gereeld apaties en selfs haatdraend teenoor my medemens is. Here, help my om nuut te kyk na elke mens en elkeen as 'n beelddraer van U te erken. Vestig in my 'n nuwe gesindheid wat u omgeeliefde oral en aan elkeen met wie ek te doen kry weerspieël sodat hulle kan sien ek is 'n volgeling van Jesus. Ek bid dat U my, selfsugtige sondaar, genadig sal wees, en vergewe my vir my liefdelose en selfgerigte ingesteldheid teenoor ander. Breek my hart se betonmure af sodat ek elke dag 'n ligdraer van u liefde sal wees. Tot eer van u Naam. Amen.

Jou praktiese opdrag vir transformasie en vernuwing

Skryf drie gewoontes neer wat jy in jou lewe wil vaslê om jou te help om ware omgeeliefde uit te leef en só 'n kanaal van Jesus se liefde te wees.

....

....

....

....

....

Nawoord

Ek hoop jy het die karakter-slypskool van die Meester ge-
niet en dat dit jou sal help om in jou lewe soos 'n Oupa Uil
op te tree, en nie soos 'n Miss Mollie nie. Mag jy elke dag by
Jesus bly aanklop vir raad en wysheid en leiding om seker
te maak jy stoot nie weer molshope uit met ongewenste
mol-eienskappe nie.

Kom ons recap al die eienskappe wat nodig is as jy
iemand met integriteit wil wees: eerlikheid, opregtheid,
waardering, respek, regverdigheid, getrouheid, deernis,
nederigheid, vrede en omgeeliefde. Al hierdie eienskappe
is ewe belangrik as jy iemand met integriteit wil wees, 'n
afgeronde, veelvlakkige volgeling van Jesus.

Jesus is ons rolmodel van volmaaktheid. En sy opdrag
aan ons is om hier op aarde soos wyse uile te leef teenoor
ander mense sodat ons bekend sal wees as mense met inte-
griteit en as volgelinge van Jesus. Hy vra dat ons nie soos
blinde (en dowe) molle deur die lewe sal gaan nie.

Hier is 'n paar blindemol-eienskappe wat jou integri-
teit skade sal aandoen: oneerlikheid, leuens, valsheid, trots,
hoogmoed, onregverdigheid, misleiding, hebsug, selfsug,
arrogansie, ekkerigheid, liefdeloosheid, wrokkigheid, haat,

onvergewensgesindheid, norsheid, 'n kritiese ingesteldheid, oordeel oor ander, ongevoeligheid, apatie, suinigheid, ongehoorsaamheid, selfbejammering, kleinsieligheid, koppigheid, ontrouheid, skinder, kwaaivriendskap, haatspraak, liggeraaktheid, ongeduld, opvlieënde geaardheid, 'n gebrek aan selfbeheersing, jaloesie, afguns, negatiwiteit, cut-throat ambisie, selftevredenheid, onwilligheid om reggehelp te word, onversetlikheid, swak maniere, 'n gebrek aan waardering en respek, rassisme, seksisme …

Nie een van ons sal Jesus se volmaakte karakter ooit ten volle kan baasraak nie, want ons almal is feilbare mense met 'n sondige natuur. Ons sal altyd selfondersoek moet doen om te kyk of ons nie iewers van hierdie ongewenste eienskappe laat insluip het nie.

Party van Jesus se karaktereienskappe sal vir jou moeiliker wees om in te oefen en spontaan uit te leef as ander. Moenie moed verloor nie. Ons almal vaar beter in sommige vakke as in ander. Ons almal het blindekolle en blindemolneigings. Maar almal wat gewillig, leergierig en toegewy is aan die Meester, kan in 'n wyse uil omskep word.

Maak 'n lys van Jesus se verwagtings om 'n mens met integriteit te word wat vir jou die grootste uitdaging bied. Dalk is jy nie van nature liefdevol en vriendelik nie. Of miskien sukkel jy om goeie dade te doen. Of dalk is jy ontrou of sukkel jy met nederigheid en respek teenoor ander. Dalk stook jy kwaad of sukkel jy om deernis met ander in jou hart te vind.

Moenie gelate aanvaar dat jy nie kan verander nie. Met die werk van Jesus se liefdevolle Gees in jou kán jy omskep word in 'n volronde weergawe van jouself, iemand wat Jesus elke dag weerspieël. Daar is soveel potensiaal in jou. Om dit te ontwikkel, vra dat jy sal toelaat dat die Gees jou slyp en reghelp en lei. Is jy bereid dat Hy dit doen?

Wanneer ek 'n manuskrip vir 'n nuwe boek lewer, is dit nooit volmaak nie. Daar is altyd dele wat geslyp moet word. Altyd kritiek wat ek moet verwerk en toepas. Soms moet ek 'n teks weer en weer herskryf voordat dit gepubliseer kan word. Die gepubliseerde boek is ook nie volmaak nie. Ek voel altyd daar is ruimte vir verbetering in die eindproduk. Ek aanvaar egter die kundiges se hulp en leiding as 'n geskenk en ek stel my hart oop om as skrywer geslyp te word.

Op my reis na groter geestelike en emosionele volwassenheid en karakterbou het ek dieselfde ingesteldheid. Ek laat toe dat die Here my slyp en reghelp en lei. Die Susan van baie jare gelede het 'n hele klompie onvanpaste eienskappe uitgeleef. Eienskappe wat ons nie in Jesus vind nie. Ek glo egter ek het ten goede getransformeer, maar ek besef ook daar is steeds baie ruimte vir verdere verbetering.

Ek het nie oornag verander nie. Dit is 'n proses wat teen 'n slakkepas verloop. En dit het werk van my kant gevra. Ek moes hierdie tien eienskappe inoefen in my daaglikse lewe. Uiteindelik is die nuwe eienskappe egter goed vermeng en geïntegreer in my karakter. Dit is nou deel van my nuwe menswees.

Laat toe dat die Here jou karakter ten goede slyp. Oefen jou nuwe gewoontes elke dag in. Laat toe dat die Here jou wys wanneer jy in ou gewoontes verval. Getroue regstellende aksies maak 'n groot verskil aan die geheelbeeld wat jy as gelowige uiteindelik vorm. Die som van jou alledaagse optrede hier op aarde sal uiteindelik die storie vertel van wie jy werklik is: iemand met integriteit wat die Meester se karakter weerspieël. Of nie.

Moet ook nie moed verloor nie. Onthou, all is well that ends well. Laat jou liefde vir die Here jou aanspoor op jou reis van blinde mol na wyse uil. Bestudeer Jesus se geïntegreerde lewe. Kyk gereeld hoe Hy mense behandel het en volg sy voorbeeld.

Dit sal dalk aan die begin vir jou ongemaklik en onnatuurlik voel om hierdie tien eienskappe uit te leef, maar doen dit nogtans. Dit is die enigste manier om 'n mens met integriteit te word.

Hou ook boek van jou vordering. Dit sal jou daarvan bewus maak as jy dalk terugsak in jou molgewoontes. Al sien jy nie dadelik resultate nie, bly toegewy aan God se opdrag om altyd en oral iemand met integriteit te wees. Soos die Engelse sê: Fake it till you make it. Die Here sien jou toewyding en gewilligheid raak. Hy sal jou tegemoetkom en jou help om hierdie nuwe karaktereienskappe deel van jou DNS te maak.

Ek luister graag na Laurika Rauch se song "Ek het": "En eendag as ek stil word, en niks meer nog wil hê, sal ek sonder twyfel in my hart vir jou kan sê: Ek het ... verander ..."

Ervaar in jou gees hoe die Meester jou daaglikse vordering monitor en met deernis en trots oor jou glimlag en hierdie woorde van erkenning oor jou uitspreek:

"Mooi so, my goeie en getroue kind. Jy is 'n getroue en opregte volgeling van My. Een wat my grootste opdrag van naasteliefde oral en altyd uitleef. Ek sien daarna uit om vir jou 'n ereplek aan my tafel voor te berei."

Jou praktiese opdrag vir transformasie en vernuwing
Leef liefde.